U0367981

每一天的教养，

都为了孩子

独立那天做准备

德国婆婆教我的教育智慧

凯若妈妈——著

化学工业出版社

· 北京 ·

图书在版编目（CIP）数据

每一天的教养，都为了孩子独立那天做准备 / 凯若妈妈著 .
北京：化学工业出版社，2018.8
ISBN 978-7-122-32455-9

Ⅰ . ①每… Ⅱ . ①凯… Ⅲ . ①家庭教育 Ⅳ . ① G78

中国版本图书馆 CIP 数据核字（2018）第 135208 号

责任编辑：史文晖　　　　　　　　　装帧设计：王　婧
责任校对：王素芹

出版发行：化学工业出版社（北京市东城区青年湖南街 13 号　邮政编码 100011）
印　　装：中煤（北京）印务有限公司
880mm×1230mm　1/32　印张 8　字数 152 千字
2018 年 10 月北京第 1 版 第 1 次印刷

购书咨询：010-64518888　　　　　售后服务：010-64518899
网　　址：http://www.cip.com.cn
凡购买本书，如有缺损质量问题，本社销售中心负责调换。

定　价：45.00 元

目　录

中国妈妈的教育实验，
遇上德国婆婆的教养智慧

我担任母亲这个角色已将近十四年了。怀女儿是个意外，但自从知道有她存在的那一天开始，我读遍了育儿书，研究各种教育法，希望能给女儿最好的成长环境。

她出生之后，我坚持亲喂母乳，一直到她一岁十个月自然离乳。我也毅然决然辞职，当个全职妈妈，全心养育她。当时觉得她绝对是我唯一的孩子。然而身为母亲，究竟教育者的角色该扮到何时，又该教给孩子什么？不论我看了多少书，依旧时常感到茫然。

我从小被贴上"优秀"的标签，一路从北一女进到台大研究所，念书考试几乎成了我的"特长"。然而，这对于我当母亲并没有太多帮助，有时反而因为我被教育的方式与我想要教育女儿的方式刚好相反，心生更多疑虑。

我全心爱着我的孩子。但因为对母亲角色的高度要求，加上生活与教育上的挣扎，让我常常在"极度幸福"与"极度痛苦"之间摇摆。更多时候，是"极度无助"，不知自己该如何扮演好这个最重要，却从来没人教的角色。

我想陪伴孩子成长，但当时一穷二白的我，也知道给孩子好的环境所费不赀，所以在怀孕的同时，我开始尝试许多不同的在家工作方式，最终选择了创业，有了自己的婚礼顾问公司。

创业让我脱离女儿刚出生时计算每片尿布钱的苦日子；但另一方面，却也让我无法如怀孕时设想的那般，全天陪伴孩子。

外人总羡慕我没有老板，能够自由安排自己的时间，殊不知老板这个角色，几乎没有下班时间。刚创业时，我常一边回电邮、打电话，一边把女儿放在腿上喂奶。等女儿更大的时候，我常在她睡着后，加班到天亮。

我努力工作，也努力挤出时间陪伴女儿，但仍不时在想，身为父母，我们每日辛苦教育孩子的目标，究竟是什么？尤其女儿进入青春期后，我才发现，闷着头努力做父母是不够的。也就是说，光当一个好爸爸、好妈妈，只是完成了自己分内之事，但并不代表那就是孩子未来所需要也想要的。

关于教育，有专家这样说，有朋友那样做。但事实上，每个孩子与家庭都不同，有各种各样的排列组合。大多时候，父母像在做实验一样，不断在错误中调整。

我的教育实验

女儿从小在中国的台湾长大，十一岁才搬来德国。在她到德国生活之前，我们有一年左右的时间，分居中国德国两地。对妈妈来说，那真是我心里很苦的一段日子，但我也因此有了一次"暂停"的机会，重新思考究竟想给女儿什么。

就在这时候，我又意外怀了第二胎。与女儿的短暂分离，以及新生命的到来，给了我又一次当妈妈的机会。

同时养育一个青春期的女儿，加上一个好动的学步娃，两个孩子十一岁的年龄差距，以及中国和德国不同的教育环境，给了我很多观察与反思的机会，也开始了"凯若妈咪的教育实验"。

我深知，没有哪一个国家的环境或教育方式是完美的，都需要父母用心观察聆听，随时学习调整，找到与自己孩子互动沟通的"频道"。

那段时间，我时常偷偷观察德国的孩子与年轻人，也观察他们与父母的相处方式。德国婆婆与我老公之间的亲子关系，和她的教育方式，成了我十分重要的参考来源。

而我十分幸运，遇上一个充满智慧的德国婆婆。

我的德国婆婆

我的德国婆婆有两段婚姻，几乎一个人带大了三个孩子。而每个孩子都很独立，也都有着坚实的价值观——善良、仁慈、正直。虽然三个孩子有着不同的父亲与迥异的个性，但孩子们感情亲密，家人之间也几乎无话不谈。

在与婆婆相处的几年里，让我最佩服的是，婆婆实现了每位母亲的梦想：三个孩子都视母亲为自己最好的朋友，也对母亲充满尊敬与深刻的爱。

我的老公小时候并不是好带的孩子。他和哥哥从小性格刚烈又好动，相差一岁的他们总爱打闹，也走过一段单亲的日子。但他们不约而同提到，妈妈总是那个把他们的心抓回来的力量。一直到现在，都是如此。平时，他们并不处处依赖妈妈，却在不知道怎么做时，会想知道她的看法。虽然最后不一定会照着妈妈的话去做，但也清楚地知道，她总是会支持他们。

婆婆总是直接表达对孩子的爱，她每次和我的老公拥抱，虽然儿子早就比她高大，她还是会说一声"我的宝贝"，拥抱许久才放开。一开始我不大敢直视他们拥抱，觉得有点尴尬。但现在，我与孩子们也常这样做，还不忘说声"我爱你"。我也希望孩子不管多大了，我们都能这样紧紧相拥。

每次遇到我不知该怎么处理的教育问题，特别是与青春期孩子的沟通问题，我总会问我老公："当时你妈妈是怎么'搞定'你们的？"甚至会直接请教我的婆婆，而十之八九，她都能给我很有智慧的回馈。

虽然中国、德国的社会文化不尽相同，但我发现，亲子互动的原则都是相似的。所有孩子的基本需求和发展进程，都同样需要爱、陪伴与指引。

有天孩子独立生活之后……

我常问婆婆一些棘手的问题，例如：怎么看不同年龄孩子的功课？如何与青春期孩子沟通整理房间这件事？我会问她过去怎么处理，再搭配自己的方式来试试看。然而，我学到最多的不是教育技巧，婆婆给建议时最常强调的一句话：有天他们独立生活之后……

当我问到怎么陪孩子做功课，她会用上班来比喻。她说："未来孩子上班，也会有上司或客户指派他们'功课'。我们不会希望孩子总要别人耳提面命，才去做事，这样也不会有好的工作表现。"婆婆会想，是什么让一个人有动机把工作做好？"喜好"当然是其一，"责任感"是其二，而"做完之后的回馈"是其三。对大人孩子来说，都是一样的。

婆婆会让孩子在愉快的环境下写作业，甚至她就在一旁烘焙，做完了功课，他们就能一起吃蛋糕。

婆婆随时都在思考，如何养成孩子自立自理的能力。她很少要求孩子乖巧听话，但常教导孩子去揣摩他人的想法与感受。如果是孩子自己的事，她不会插手，反而让孩子从结果中学习自己负责任。而这一切，不是从孩子快成年离家了才开始，而是体现在每一天的教育过程中，从小就深植孩子心中。

因此，我也开始用"为孩子独立那天做准备"的思维，来教育孩子。以此为目标，所有恼人又模糊的教育问题，突然变得清晰无比。

第 *1* 部分
孩子终将离开父母

父母并不是在哪一天，

突然就拍拍孩子的肩，对孩子说声"请独立，再联系"，

如此戏剧化地送走孩子。

从孩子出生的那一刻起，父母就要做好准备，

明白孩子终有一天会离开我们，为自己而活。

01

让孩子打自己的仗

父亲的离世，让我惊觉，

父母随时都可能离你而去，

就算没有任何人"准备好了"。

我多希望在那一刻到来之前，

就已经准备好照顾自己，

甚至照顾家人。

但这不可能一夕发生。

　　父亲在我十八岁的时候，因为癌症过世。从得知他患病到他离世，只有短短一年。那时我还只是个高中生，正在准备高考。

　　我们一家与奶奶同住。奶奶始终奉行"孩子只管好好读书，其他什么都别管"的最高原则。于是，我从小就被禁止进厨房帮忙，几乎没有自己做过一顿饭；打扫一年才做一次，平时也没有打扫自己房间的习惯。

身份证上的年龄虽已十八，但成年的我会做的事，或者说"唯一"会做的事，就是"努力读书"，让父母为我感到开心与骄傲。我也习惯等待父母认可与认同我做的任何决定。

这样的我，不论生活上或心智上，完全无法独立，对未来更是一片茫然。

孩子不可能一夕独立

父亲的离世，让我惊觉，父母随时都可能离你而去，就算没有任何人"准备好了"。我多希望在那一刻到来之前，就已经准备好照顾自己，甚至照顾家人。但是这不可能一夕之间就发生。

当我成为母亲之后，更加明白，孩子不是过了一个特别的纪念日、放个烟花庆祝一下，从此就能自立生活了。教育孩子是一段渐进式的过程，有时感觉孩子一夜之间长大好多，有时却觉得永远在同一个问题上打转。

父母并不是在哪一天，突然就拍拍孩子的肩，对孩子说声"请独立，再联系！"，如此戏剧化地送走孩子。

从孩子出生的那一刻起，父母就要做好心理准备，明白并接受怀中这个连眼睛都还睁不开的小宝贝，终有一天会离开我们，我们始终要为自己而活。

孩子的成长经历在告诉我，孩子越大，就越有自己的意志、喜好、习惯，为自己要成为哪一种人而努力。在这段日子里，父母能做的，就是陪在孩子身旁，做好准备。

别太怕孩子受伤

女儿还在国内念书时，有一回约她的同学们到我们家玩。事前我就和女儿约好，我可能没办法跟前跟后，时时照顾到每一个人，而且他们已经五年级了，得自己打点午餐。女儿非常有信心，说："交给我吧！"聚会之前，她就将菜单规划好了，西红柿炒蛋、意大利肉酱面、炒青菜……看起来挺不赖的。

当天，女儿担任大厨。我以为是因为她大姐大的个性，加上又在我们家，所以自然由她担起责任，原来不是这样的。因为所有同学中，只有她下过厨，也只有她有用刀子的经验，所以也只有她能够当大厨。

同学们看着女儿有模有样使着刀、切西红柿，也觉得好像没那么难，应该很好玩，一个个央求让他们"切几刀"。我在旁边提醒："你们第一次用菜刀，慢慢来哦！"几个都已经十多岁的大孩子，切起菜来兴奋得像幼儿园的小孩子一样。

我问他们："为什么没用过菜刀？"

"妈妈说太危险。""托管班下课都在外面吃完才回家。""妈妈说不要碰。"他们都觉得煮饭还挺有趣的，但在家却没有机会尝试。

感觉到痛，也是学习照顾自己的必经之路

"使用工具"是孩子学习成长的重要一环。在练习使用方法、如何用力、保护自己的过程中，孩子除了精进手眼协调能力之外，也会从自己独立完成中收获成就感，会更有自信。

有时在父母眼中，孩子就是孩子，永远觉得他们好像太小，没办法照顾自己。但事实真是如此吗？孩子到底会不会照顾自己、保护自己？还是很多的意外之所以发生，其实是因为孩子不懂得保护自己呢？

就像大人走路也会跌倒，孩子一定也会有失手的时候。

女儿的手腕上有一处小小的烫伤的疤痕，就是她在小学

一年级烤蛋糕的时候，因为太心急，要从烤箱拿蛋糕出来烫到的。虽然心疼，但还好我就在一旁，伸出了援手。

有时让孩子体会到疼痛，是让他们学会照顾自己、保护自己的关键。没有人喜欢痛，孩子下回就会更小心。

当然安全第一，要让孩子学会使用工具，或者学会保护自己，我们不能在他们非常熟练之前，就让他们自己玩。

我有个原则：任何人在独自陪伴两岁儿子的时候，绝不能自顾自看手机或电视，即使有重要电话要接也不例外。如果需要专心谈事情，一定要确定有另一个人陪着才行。很多意外都是在一瞬间就发生了，轻视不得。

德国爸妈这样野放孩子

来到德国之后，我发现，**在安全的前提下让孩子探索世界，**也是德式教育很重要的一环。

我老公在小学时，就已经在老师的引导下，使用电钻和榔头之类的器具，每个小学生还要自己做出一把椅子。长大了些，还要操作机器切木头、设计家具，他们完成这些作品的年纪，也只有十三岁上下。到了老公十六岁实习时，就开始操作大型机械了。

在德国的游戏场里，大多都是沙地或草地，没有铺塑料软垫，孩子们就在最天然的"地毯"上打滚、跌倒。受点伤是常有的事，但没有一个德国父母会在一旁不停帮孩子"擦擦"或"呼呼"。

在德国婆婆家里，孩子们也从会走路开始，就参与厨房工作。从最简单的洗菜到拿碗盘、烤蛋糕，慢慢进阶到切菜，最后自己下厨。除了对他们的"生存能力"有帮助，"全家一起做饭"的经验，也是让他们对这个家有归属感的相处方式。

每次看着他们全家一起在厨房忙的画面，就觉得好温暖。以前奶奶总是禁止我进厨房，我一直到好大了才开始学煮饭，少了一家人一起做饭的经验，还真是有点遗憾。

姐弟进厨房帮忙

　　每一天的教养，都为了孩子独立那天做准备

妈妈永远都在

我相信，总有一天孩子会有足够的能力与潜力保护自己、照顾自己、应对眼前的挑战。在他们还没准备好之前，不论发生什么事，妈妈永远都在，永远是他们最坚实的依靠。

总有一天，父母会回到没有孩子陪伴的生活。同样的，孩子也需要打属于自己的仗，我们不可能永远陪在他们身边，而他们不会、也不该总依大人的喜好和认同来过日子。孩子需要自己判断、自己决定、自己负责、自己承担、自己寻求帮助。等孩子拥有了这些能力，真正的"独立日"自然会到来。

02

向德国托儿所老师学习，为孩子独立那天做准备

孩子上托儿所，
是第一次离开父母生活，
这也是孩子第一次知道，
不只需要父母，
还需要学习与其他人互动。

许多父母都有同样的经验，孩子上了托儿所之后，虽然会经历一段难分难舍的阵痛期，但孩子也会突然一下子长大很多。我儿子也是。进托儿所后，俨然就是个小男孩了，学会不少生活自理常规，语言发展也突飞猛进。孩子不只需要父母，

还需要学习与其他人互动。

　　只要有机会，我就会在教室里多待几分钟，观察老师与孩子们如何相处，以及教室和每天的日程安排。

　　首先，到了托儿所，玩玩具的时间不是"一对一"，而是小朋友自己决定怎么互动。要玩什么，要和谁一起玩，都不是老师决定。玩具也不是老师收，而是有专门收玩具时间，所有老师和小朋友一起收拾。吃东西，也不是老师一对一喂食，而是自己拿餐具和所有的小朋友一起吃，也自己喝水。儿子不再是唯一的焦点，而是群体的一分子。

　　我从托儿所老师身上，学到几个帮助孩子自理生活的小妙招。

托儿所环境

每一天的教养，都为了孩子独立那天做准备

设定好每个常规的"开始键"

每天孩子出门、吃饭、睡觉，都有一定的程序。难的不是设定流程，而是要"开启"第一步。儿子最爱的S老师永远会先和小朋友打招呼，而且她记得每个孩子独特的打招呼方式，击掌和击拳就是我家儿子的最爱！有时，儿子会迟疑要不要进教室，只要与S老师"击掌"，就像是按下了他的"开始键"，立刻开开心心进去玩。我也赶紧学起来，每次儿子有点迟疑要不要打招呼时，我就鼓励他"High Five"（击掌），儿子也就更敢与人互动。

收玩具时，老师们会说："收玩具时间到！"接着站起来唱收玩具的歌，带着孩子把玩具归位。我们在家也用同一招，每晚睡前，就说："收玩具时间到！"儿子会唱着歌，与我们一起把玩具收拾好，才去刷牙睡觉。

带孩子做任何事情，都可以设定一个"开始键"，通常练习两周之后，都能得到不错的效果。终于，出门穿外套和鞋子、收拾、刷牙这些儿子的每天差事，不再需要我们三催四请了。

用孩子的高度，与孩子进行眼神交流

托儿所老师每天一见到小朋友，一定蹲下来，用与孩子眼睛一样的高度，微笑问候："你好吗？"儿子从一开始不知道怎么回答，现在会说一些他今天看到的有趣事物来回答，例如火车、吃东西、游戏场等，然后他们就"一句话配一个字"地聊起来了。

老师以身教告诉孩子，与人眼神交会，才能有真正的交流。儿子现在与人说话，也会像老师一样睁大眼睛看着对方。

把孩子的东西，放在他够得到的高度

大人别把所有东西都收得高高的，这是托儿所让孩子学习自理的重要一步。

托儿所里有一个水杯架，儿子每天进教室，就是把水杯放在架子上，要喝水自己过去拿。孩子也有自己的外套架、鞋架、物品盒，就连餐厅里的杯盘餐具，都放在孩子可以方便拿取的高度。

孩子会不会弄乱？或许吧。但令人惊讶的是，孩子非常喜欢把东西放回原位，如果放错位置，孩子还会立刻纠正。儿子是班上年纪比较大（也比较"鸡婆"）的孩子，所以都由他负责摆杯盘和餐具，有时甚至还会帮忙倒水。我们上回在儿子托儿所的活动中，亲眼看到他这么做，惊喜万分。一岁十个月的孩子能够做到这些，真的要感谢老师平时潜移默化的生活自理能力训练。

当孩子有好的行为，用力说谢谢

上次在托儿所活动的时候，有个孩子帮另一个小朋友捡起了水杯，小孩愣愣的不知道发生了什么事，但三个老师同时大声说："谢谢你，莫里！"

我发现，老师是说"谢谢"，而不是说"你好棒"。当我们用"你好棒"来鼓励孩子的好行为，孩子的自尊的确会被提升，但只有自我被鼓舞了。但**若用"谢谢"来感谢孩子的好行为，孩子会感受到他对其他人的帮助与重要性，从中激发他在群体中的合作精神和良好互动。**

这也改变了我赞美孩子的方式。现在我谢谢孩子的配合或帮助，多过说他们好棒、真棒、最棒。而儿子受到鼓励，就开始一连串的"帮忙"行动，我做的每件家事，他都要插一脚，还会对自己说"谢谢帮忙"！

托儿所厕所，依小孩高度设计

　　　每一天的教养，都为了孩子独立那天做准备

综合以上四点，我看到了"以孩子为主体"的教育态度，以及社会意识的强化，而不是把孩子集中在一个地方，由大人来安排小朋友的学习与活动，甚至过度强调个人的学习能力和成就，忽视了团体意识。

鼓励孩子主动加入群体，认为自己是群体中重要且有帮助的一分子，自然会让孩子感觉到"我可以"，进而觉得"我会帮忙""我很重要"。

不怕分离焦虑，让宝贝开心与爸妈说拜拜

孩子上幼儿园时，爸妈也必定会碰到的一大关卡，就是每天上学前"十八相送"的悲情戏码。老师也传授我们几招，可以帮助宝贝们开心与爸妈说拜拜。

千万别偷偷溜走：很多爸妈以为偷偷跑掉，孩子没发现就没事了，其实只是我们没听到哭声，让自己比较容易离开而已。当孩子回头发现你就这样走掉，会有更强烈的不安全感，觉得自己被爸妈遗弃了。孩子哭就是怕被遗弃，父母当然不能加深恐惧。

好好说再见：建立一个属于你们的"再见仪式"，可以是一个吻、一个拥抱，或任何你与孩子约定好的方式。态度温柔而坚定，告诉孩子，你必须离开，但你很爱他。也可以和孩子约定好，等一

下来接他放学时，可以一起做什么事，让孩子有所期待。我们和儿子的约定大多是去搭"U–Bahn"（德国的地铁）。

这点对老师也很有帮助，如果老师知道等一下你会带孩子去做什么，就能够在孩子哭着找你时，对他说："我听到爸妈说，等一下你们要去搭地铁哦！听起来好有趣。"孩子通常会得到抚慰。有个可期待的未来，让孩子更能忍耐分离的辛苦。

你自己千万别哭：小小孩认知环境是否"安全"的方式，就是"读"父母的表情。如果你露出难过或担心害怕的神情，孩子也会被你影响，引发不安的情绪。我们就很难再告诉孩子：这地方很安全，请你千万要忍住。

微笑告诉孩子"你会有很快乐的一天"：让他们看到你的神情，告诉他们没有什么需要担心的。这可能需要点演技，就先在家练习吧！爸妈也可以常和孩子讨论，托儿所里有哪些好玩的事，也能帮助孩子满心期待去学校。当然，我是过来人，如果你开心说完再见，再偷偷到旁边哭，也是十分正常的。

当他们哭泣时，别展现你的失望或生气：让孩子知道，你重视他们的情绪，但这个"重视"并不是焦躁或生气，更不是对他们失望。有时真的很难做到，就像我在孩子上托儿所的头一个月，的确非常沮丧，但是我努力在"说再见"的时刻，让孩子觉得"你可以的"。你的肯定和信心，对孩子来说非常重要。

到底孩子哭的时候，我们要不要抱起他们，还是直接抱给老师？通常，我会先把孩子安抚到一个阶段，给予足够的亲吻与抱抱，再把孩子抱给老师，就算他们仍在哭泣。但给老师之后，我只会再重复一次接下来提到的四个步骤，就会离开。

再次重复： 孩子各有他们适应新环境的时间与方式，没人说得准这段时间需要多久。儿子一向活泼外向，但因为他入园的时间是在已经接近有"强烈自我意识"的两岁儿阶段，所以整个进程比一岁孩子还要久。

就算孩子在哭泣，仍旧态度温柔而坚定地告诉孩子：

1. 爸妈需要离开了。
2. 你在托儿所会有很棒的一天。
3. 爸爸妈妈（或谁）会来接你。
4. 离开托儿所后，我们可以一起做××事。

从儿子的托儿所老师身上，我学到一个很能鼓励我的想法，那就是因为孩子太喜欢和我在一起，所以他才这么不希望我离开。通常依恋关系健全的孩子，都会经历这段"十八相送"，然后就会"进化"，他们的独立进程就会发展到另一个阶段。

而这个过程，当下看起来永远不会结束，但往往不超过三个月。如果孩子真的在托儿所里过得很愉快，最终都能顺利适应。父母当然也要随时观察，孩子在托儿所内是否安全快乐，毕竟我们不只希望孩子学会与我们说再见，更希望他们是真的享受这段时光。

03

独立不是取决于年龄，而是孩子准备好了没有

每个孩子离家独立的时间都不一样，
而中国与德国社会对于独立的年龄，
也有不太一样的定义。
如果我仍用国内的标准来对待女儿，
她在同龄的德国同学中，
绝对会显得格格不入。

女儿刚到德国时，我们开了场家庭会议，确立了她在德国生活的基本规矩。我这才发现，用"为孩子独立那天做准备"的思维来看教育，让一切清楚许多，也省却不少内心纠结。当

然，想法和做法也有许多改变。

女儿原本在生活方面，有很多地方太过依赖大人的提醒和帮助。加上到德国的前一年，她与外婆同住，更是被我的母亲当成一个小可爱来对待，总有好吃的东西放在桌上，也总有人替她收拾房间与衣物。

在女儿搬来德国之后，我就没办法比照办理了。尤其家里又多了一个小婴儿，我无法像过去对待独生女一样照料她、接送她，新的学校也有着与国内学校不同的教育方式，以及对这年纪孩子完全不同的期待。妈妈的角色在她世界里的比重，必须大幅度减少，这也加速了她独立的进程。

孩子vs.大人

我与女儿常常讨论中国社会与德国社会对于"孩子"与"大人"定义的不同。

在中国，如果一个孩子在大学（甚至是研究生）毕业时，能够独立生活，就很不错了。但德国人期待孩子独立的时间，要更早一些。

女儿说，在德国的学校里，虽然在她眼中，很多同学看起来根本还是个孩子（她人高马大，总觉得别人比她小一点），却发现老师对待中学生的态度，就已经是把他们当作小大人了。而女儿在国内待到了十一岁，接下来这几年的独立关键期，都会在德国生活，我如果仍用国内的标准来对待女儿，她在同龄朋友中，绝对会显得格格不入。

每个孩子离家独立的时间都不一样，而中国社会与德国社会对于独立的年龄，也有不太一样的定义。

德国法律规定，十六岁就可以小酌啤酒和气泡酒，也可以开始工作赚钱。青春期就交男女朋友，是很稀松平常的事；一有工作就搬出去住，也是很普遍的状况。我老公在十六岁念职业技术学校时，就开始实习工作，赚钱养活自己。他当时搬进爸妈家地下室的独立楼层，还有独立的出入口，没有门禁。每天五点钟就得起床上班，工作完就做自己的事，对自己的生活起居负起全责。

我十六岁时，在做什么呢？刚上高中的我，人生只有读书与学校生活，烦恼脸上的青春痘，关心电视上的明星。如果那时，我问父母能否让我独立？他们绝对是猛摇头，根本不可能。我连每天穿什么都不能自己决定。当时我爸爸还下了禁令，上大学前不准交男朋友（虽然我也没遵守）。我想，当时不只是我父母不觉得我能做到自我管理，连我自己都怀疑。

一直都把女儿当作"宝贝小女孩"的我，才突然惊觉，如果当年老公十六岁就能独立生活，那距离女儿十六岁，只剩下四年的时间了。我们要好好把握每一天，否则女儿到那时候，仍只是个孩子。我顿时明白，教育也是需要目标的。而我的目标，就是帮助孩子们，为他们独立的那天做好准备。

妈妈觉得你冷vs.你开窗看看冷不冷

清楚为何而教育，我才能让教育的"目标"高过于"妈妈希望你如何如何"，并在有限的时间内达成；也才不至于用我自己狭隘的成长经验，限制了女儿的发展，或是态度过于宽松、溺爱。

就像是为了四年一次奥运而努力练习的选手们，必须十分清楚在有限的时间内需要达到什么样的标准，教练与选手才能齐心协力，适时调整。

为此，女儿与我达成一些共识。

如果我每一天的教育，都是为了女儿能独立的那一天做准备，我就不会因为怕她迟到，还每天叫她起床。

我刻意将自己的闹钟调得比她的晚，早到还来得及跟她说几句话，但晚到让她得调闹钟叫自己起床。

当她问我："今天我穿这样会不会太少？"我不会再用"妈妈觉得你冷"的标准，要她多加衣服。我会说："开窗或到阳台站一下，你就知道自己该穿什么。"

我也不会让她在我煮饭时，坐在客厅看电视、玩手机。我希望她和我一起做菜，因为她需要学习怎么喂饱自己、整理厨房，以及与他人共同生活。

我也不会因为看不惯她的房间太乱，而边念叨边帮她整理。我会打扫家里的地板，不过留着她的房间，让她自己整理。因为我尊重她有自己的空间，她的空间需要她自己维持。

我会在她房间放个洗衣篮，让她自己洗衣服。

我不会总是接送她去球队练习或是去参加朋友的生日派对。不过我会和她一起查网络地图，知道如何用最安全的方式到达目的地。她需要主动让我知道她很安全，而不是总让妈妈"夺命连环Call"。

我绝不查看她的手机、日记或任何私人物品，来得知我想知道的信息。但我会注意自己与她是否沟通无碍、无话不谈。这是我们关系中最重要的基础。

我会让她明白，不需要担心妈妈知道任何事。她需要思考的，永远不会是怎么面对妈妈的情绪反应，而是事情该如何处理。而妈妈，永远是她能够直说无妨的最佳对象，也是她的避风港。

我当然也不会限制她交男朋友。但我得先让她知道怎么保护自己，不论身体还是心灵。我们尽可能事先讨论各种状况，也讨论我们面对这些事的做法与态度。

我也不会禁止她碰酒精，或参加派对，而是在她能够喝酒的年纪，陪她喝到脚软。因为她需要知道自己何时会醉倒，如此一来，她在外饮酒就知道在那之前就该适可而止。懂得保护自己，才能好好享乐。

　　我不会告诉她该念书还是工作，当然也不会告诉她未来该做什么。我把握每一天，陪她发掘自己的兴趣和长处，陪她找寻资源，来学习她想学的东西。

　　我也会让她知道，一辈子都做一件事很好，但是概率极低。所以到了五十岁都在追寻梦想也无妨，但要知道怎么养活和照顾自己与所爱之人。

相信孩子天生渴望独立

　　我相信，每一个孩子对于自力更生都有种渴望，看看一个个喊着"我自己来"的三岁孩子就知道了。关键在于，这样的渴望能否在家庭与学校教育的过程中被鼓舞，并培养成真正的能力。

　　过去我曾对女儿说："你十八岁就一定要自己生活了。"她总跟我撒娇说，怎样都不要离开妈妈，说得好像我是多狠心的妈妈，急着把她赶出门似的。现在，将满十四岁的她会问："我什么时候可以打工赚钱呢？我觉得挺酷的，想体验工作的感觉。"她也开始期待学校九年级（满十五岁）学生都要参与的实习工作。她甚至觉得，大学如果能住宿舍或在外租房，应该很不错。

希望我的宝贝女儿，最晚到了她十八岁成年那一天，已经拥有照顾自己和所爱之人的能力。她或许还在读书，或许还与我们同住，但不需要我们来关照她的生活起居，我们一家能单纯享受与她共度的时光。

我们依旧每天都在做准备，等待那一天的到来。

04

孩子你放心飞

婆婆有自己的工作与生活，
更不觉得自己老到需要子女照顾。
只要孩子心中有妈妈，
想飞多远就飞多远。
对她而言，子女能够照顾自己，
才是做母亲的骄傲。

我刚到德国时，每回搭地铁，遇上目测为年长者的乘客，就会很自然地起身让座，但我发现不是所有时候，这样的善意都会被长者接受。只有在他们真的不良于行，或拿很重的东西时，才会乐意接受。

大多数时候，就算有些长者已看得出年纪很大，或行动非常缓慢，还是坚持自己出门、采买、与朋友相约，只有在不得不需要别人陪伴的时候，例如去诊所做特别检查，才勉为其难打电话给儿女或请专业人员协助。

这样的固执，在我的德国婆婆与她女儿的一次争执中展露无遗。

孩子，请搬出去自己住

我婆婆与儿女的关系很好，就算偶有拌嘴，多半很快就能解决。但有一次，竟然母女俩同时打电话给我老公告状！什么事情这么严重？

原来，老公的妹妹那时已经十九岁，开始有自己的工作与收入了，婆婆就跟女儿聊起"何时搬出去住"的话题。

我原本以为，婆婆是在气女儿想搬出去住，过去我在中国听到的剧本，都是这样演的——"你是翅膀硬了吗？""一个女孩子在外面住安全吗？"但想不到，她们争执的原因刚好相反。

婆婆认为，女儿已经成年，而且也有工作，应该出去过一过单身生活，不应该一直跟父母同住。况且女儿的好姐妹也是同样年纪，她们也在同一地点工作，可以一起找间分租公寓同住。

但老公的妹妹认为，短短一年多的时间里，两个哥哥都结婚并搬出去住了，家里突然从热闹的五口之家，变成了只有他们两老与自己。她想多陪陪妈妈，不希望妈妈觉得孤单。两人就为了这个问题争执起来。

婆婆就如许多德国长者一样，不觉得自己老到需要孩子随侍在侧。婆婆更是"独立自主"四字的代言人，她不只希望自己的孩子能够自立，对自己的要求也是一样。她也有自己的工作和生活。

照顾子女是阶段性任务

过去，她的人生以照顾三个孩子为重心，现在，孩子都成年了，她并不希望自己的日子绕着儿孙打转，更不希望自己的儿女因为担心她而无法过自己的人生。

对我婆婆来说，如果女儿是因为这个原因决定不搬出去住，对她不是一种"看重"，反而是种羞辱。这代表她在儿女心中，是一个"需要照顾的人"。

"我需要人照顾的那天还没到呢！"婆婆认真说着，"如果够看重妈妈，你应该早日找到自己的志趣，把自己的生活过好，而不是待在家里陪我。"

对德国妈妈来说，子女能够照顾自己，才是母亲的骄傲。

不少德国长者，如果能自理生活，都还是选择独居。这在中国人看来很难理解，甚至觉得他们有点孤单。"独居老人"四个字，在中国被视作"晚景凄凉"的同义词，但在德国却是许多长者生活的常态。他们不会因为自己住就没有了社交生活，或儿女就再也不来拜访，反而能决定何时在何地要见谁，自在得很。

我与婆婆同样身为母亲，但在这点上，我却从婆婆的态度中发现，自己原来没想得那么透彻。因为婆婆与小姑的争执，我也才反思自己是否像婆婆一样，认清楚其实"照顾孩子是阶段性的任务"，是件有天会"毕业"的事。

当然，身为父母，对子女的爱与关怀绝对是持续一辈子的，就如我母亲说的："妈妈对孩子的担心，至死方休。"就算我已逾不惑之年，但我相信母亲对我的担忧，并没有比我十五岁的时候少。然而，**就算心中那条牵挂孩子的无形绳索永远存在，却不该是捆绑住孩子的枷锁。**

一家人生活各自精彩，但仍关系紧密

婆婆坚持与孩子各自独立的态度，看似家庭关系不紧密，其实不然。

婆婆并不会因为孩子们搬出去就减少了与儿女的联系，反而学了很多新玩意。她也终于在两年前开始使用智能手机，就因为要常常上网与儿孙视频聊天。

我在国内的家人也是如此，空间上的距离并没有让我们失去联系。重要的是，对方是否在我们心中；否则就算住在一起，也不一定代表关心对方。

婆婆不会问："怎么没打电话给我？"因为她只要想孩子、想孙子，就自己打过来。她也不会抱怨："为什么都不回家？"反而对我们说："你们一家这么多人，要安排时间，还得带着小小孩，我一个人行动自由，由我去拜访你们比较简单，也省钱省事。"

婆婆的态度，让我们少了得回家的压力，也让孩子们对妈妈有更多的感激与尊重。如果她的工作能排出假期，就会先询问我们是否方便来访，并马上自己订旅馆。接着开四个钟头的车子过来，住个几天，再自己开车回去。我们完全不需要为她安排任何事。她总是说："现在你们比我还要忙碌，我是来帮忙的。"

婆婆每次来拜访我们，总是自己掏腰包住旅馆，让我这个从中国来的媳妇很不习惯。有一次我跟她提起，她可以住我们家，就不需要花钱了。她瞪大眼睛看着我，笑说："怎么会有媳妇主动邀婆婆来家里住？"弄得我也觉得自己像在"引狼入室"。不过我真的不是觉得"应该"邀婆婆来住，而是真心感谢她每次都主动破费来访。

她认为孩子建立的家，就是属于孩子的，孩子与另一半是主人，来访的就是客人。而自己是成人了，本该照料自己，这样她也轻松自在。所以婆婆从来没要求过我们要带她去哪儿玩，倒是我觉得很不好意思，总在问老公需不需要陪婆婆做些什么。

婆婆来访这段日子，会与我们约好几点方便到家里，其他时间她都自己逛，自己看书休息。她甚至调皮地说："未来你们搬家，请选择气候宜人、环境优美的度假胜地，我会更乐意常常来访。"

孩子飞得远远的，但心里总是有妈妈

有一次圣诞节，我们回公婆家，我这个媳妇真的闲得发慌没事做，就去帮忙整理用过的碗盘。

这时，我听到婆婆悄悄跟老公咬耳朵："凯若平常在家里做够多了。你过去！不要让她忙。"听到这里，我真的感动到快掉眼泪。

婆婆不期待我们做任何事来回报她的付出，只希望我们健康快乐。这样的爱，没有任何条件，没有任何期待。

孩子不需要用任何方式"证明"自己的成功或爱，甚至不需要用"孝顺"来让父母觉得快乐，这也让孩子们更能自在做

自己。也难怪不管老公飞多远，都会想妈妈，不是因为担心妈妈会想念他，而是单纯的母子之情。

套用一句婆婆说过的话，她希望孩子飞得远远的，但心里有妈妈。子女好好的，就是她最大的满足。

第 2 部分
孩子独立，父母先独立

放下"孩子没你不行"的想法，
父母先真正独立了，
才能将同样的独立思维，传给孩子，
成为他们人生的"内建程序"。

05

对孩子的教育，影响他们未来

怎么当父母

我们向孩子展现的应对态度、沟通技巧，
包容与原谅、正向与鼓励，
都会是孩子未来成为父母时的养分。
就由父母开始，将这样的因子，
从小内建在孩子身上。

每回女儿学校放假，家里就多了一个大帮手，来帮我搞定快两岁的小儿子，这也是我偷偷观察他们姐弟俩互动的好机会。除了带给我这个做妈妈的许多快乐与安慰，我还意外发现了一个秘密。

原来，女儿都偷偷学起来了

"弟弟，你要绿色的袜子，还是星际大战的？"

"弟弟，我们在吃饭，你要等姐姐吃完。你先坐好等姐姐，我们等一下就可以一起吃点心了。"

"弟弟，你要不要帮姐姐一个忙？你是最棒的小帮手！"

"把头抬起来看姐姐，你看姐姐帮你，水就不会弄到你的脸哦！但你要看着姐姐。"

姐姐照顾弟弟还真有一套，而且不只是自己弟弟，照顾其他小孩也不在话下，甚至比我一些还没生孩子的"姐妹淘"对小孩更有办法。青春期的她，俨然已具备了当专业保姆该有的与幼儿沟通的能力。

过去我一直觉得，她就是喜欢小孩，没想太多，直到最近常有机会观察姐弟互动，才发觉，她其实是很直觉地用着我过去"对付"她的许多招数，来对待弟弟。像是：

● **"选来选去都是好选择"法**：大人先提供两个都很"好"的选项，再由小孩从中选择一个"最好"的，孩子就会觉得自己有控制权，而欣然接受。

● **"胡萝卜利诱"法**：用"让我们做完×××，就可以一起×××"来利诱小朋友。通常"一起玩"是最有效也无害的奖励，再来就是一些小孩喜欢的健康点心。如果可以，最好避免用"买东西"或"垃圾食物"作为诱惑。

● **"我是小帮手"法**：让小孩觉得他是个"好帮手"。

这些"招式"，都是我过去（甚至是现在）用在女儿身上的。看着她身手利落地跟弟弟"周旋过招"，让我十分欣慰。虽然现在，她信誓旦旦说自己绝对不生小孩，但在不久的将来，我相信她会是个很棒的妈妈。

父母的教育，就藏在每一天与孩子的对话中

从女儿的成长，我赫然发现，我们此刻对孩子的教育，不但影响孩子本身，甚至还影响他们未来怎么当父母。

现代家庭生孩子少，很少人有机会照顾相差十几岁的弟弟妹妹，孩子自然很难在十多岁时，就去检视自己未来当父母会是什么模样，甚至做出调整。

有时候，我发现自己下意识想说的话，都是过去我父母曾经对我说过的。有些很好；有些在理智上我知道不该说，但情绪一来，就很容易不假思索脱口而出。

有人说，孩子就是我们的镜子。当我看到姐姐与弟弟相处的模样，我确实知道，这是真的。这些影响，在孩子还小的时候，或许看不出来，但到了十多岁的阶段，当孩子开始有能力照顾别人时，这些"内建程序"就会自动运作。

给孩子未来的家庭，导入更好的软件

至于我看到自己需要改变的地方，则是"女儿信誓旦旦不生小孩"这一点。

女儿很理性，看到了我生儿育女承担的种种，从怀孕的不适、生产的痛苦、夜不成眠、绕着新生儿打转的第一年，对一个几近成熟的青春期少女来说，会有这样的想法，我并不意外，甚至还觉得有点安心。但我也坦承，自己让女儿看到了妈妈太辛苦的模样，这种"做到最好"的自我要求，也是让女儿觉得自己做不来的原因之一。这是身为妈妈的我要反省的。

能有当姐姐的女儿一起带着儿子长大，我真的很幸福。我相信对女儿来说，有个这样的小弟弟，也是很甜蜜的。虽然很多人希望孩子之间年纪差得不多，可以一起玩；但我却从他们身上亲密的互动看到，年纪相差很大，也是有好处的。

在我老公身上，我也看到"内建程序"的力量。虽然他当爸爸时才二十四岁，而且在有自己的孩子之前，对"小孩"这种生物真的是敬谢不敏，生活中也没有小小孩让他有机会实习。但成为父亲后，他就像是回放他母亲对待孩子的方式，立即懂得怎么与孩子沟通、与孩子对话。

他自己都承认，他从不知道"内建程序"的力量如此强大，也让他更想做个"进阶版"的父亲，能给儿子未来的家庭导入更好的"软件"。

　　我们向孩子展现的所有应对态度、沟通技巧、包容与原谅、正向与鼓励，都会是孩子未来成为父母时，最强大的养分。当孩子离开我们身边时，这些都会是珍贵的资产，甚至能一代传一代。

　　想到这里，我暗自决定，就由我们开始，让温暖快乐、正直感恩，永远内建于我与孩子现在和未来的家庭之中。

06

孩子需要的，不只是母亲

"妈妈，我的世界不能只有你！"
妈妈无需因此失落难过。
孩子终究有天会离开我们而独立，
但也会从不同关系中，得到不同养分。

"永远只有妈妈，孩子学不会独立"，这句话虽然直接，
却是事实。

从孩子在我们体内日渐成形，母亲就已经紧密地与孩子
连结在一起。孩子出生之后，喂养与陪伴的责任，也多半落
在母亲身上。不论我们选择在家做全职妈妈，或者上班当职
业妇女，母亲的角色，总是处于人生中非常重要的位置。

然而，孩子的世界若永远只有妈妈，他们是无法独立的。这点，我从两个孩子的成长过程中，体会特别深刻。

孩子会从不同关系中，得到不同养分

我算是认真的母亲，两个孩子都是由我在家带着，我也一直确信，孩子第一个依附的对象就是母亲，而这个对象，对他们未来的发展非常重要。所以我愿意暂停自己的事业，来陪伴孩子。

然而，终究有那个时刻，孩子们会让我知道："妈妈，我的世界不能只有你！"只是看我是否听到了。

孩子会从不同关系中，得到不同养分

孩子从不同关系中，会得到不同的养分。不同的照顾者，有着各自的个性、角色，甚至在不同的空间和情境中与孩子互动，这些都让孩子的世界更加开阔。

两岁的儿子特别爱跟爸爸玩一些刺激的、平常不会找妈妈玩的游戏；他还会与姐姐一起做一些傻傻的事；他最爱德国奶奶来访的日子，能够到不同地方走走；他也喜欢每天去托儿所，与大小朋友同欢。

他还是很需要妈妈的怀抱，总要有妈妈才能好好入睡，但他不再时时刻刻只想与我在一起，在与其他人互动的过程中，他享受不同的快乐，也得到不同的刺激。

而从这些经验中，孩子也更知道，自己是独立的个体，能够与不同的人，产生不同的互动。当孩子不再只能依附同一个人而生活的时候，也正是他"自我意识"与"自尊"发展最快的时期。

我们做母亲的，无需因为孩子不在身边或与其他人十分亲密，而感到失落或难过。反倒要开心，在这段宝贵的时间里，我们能够好好照顾自己，做自己喜欢的事，让自己成为更好的母亲。

更重要的是，我常告诉自己："孩子终究有天会离开我们而独立，他们只是在为独立那天做准备。"

爸爸的角色，在孩子生命中独一无二

这年头要当个好爸爸，也是需要一番工夫的。

当儿子将满一岁半，正在牙牙学语时，"妈妈"二字是所有家人称谓中，他最晚会说的，却是他每天最爱叫的。肚子饿叫妈妈，跌倒叫妈妈，需要帮忙叫妈妈，睡觉更是要妈妈……我想，有的妈妈难免希望孩子去叫爸爸，别再叫妈妈了！

当老公满心欢喜想要抱抱儿子来个父子时间时，儿子却吵着只要妈妈，看着老公失望的神情，还真有点可怜。如果又刚好遇上老公工作最忙的几周，等他回家时，宝贝都呼呼大睡了。

这下可惨了，原本就爱妈妈爱到偏执的儿子，更是变本加厉"不要爸爸"。在我们家，这"副作用"还包括中文进步神速，但德文却不怎么懂。

不过老公可没那么容易认输，决定来场"爸爸的逆袭"。

花时间，就能赢得孩子心

原本每天早上，再怎么吵都呈现昏迷状态的老公，现在听到儿子要"和妈妈"出房间去玩，可以立刻跳起来，大喊："爸爸来！"讲故事、搭积木、听音乐、陪跳舞，样样都行。

每一天的教养，都为了孩子独立那天做准备

接着，"五星级"早餐伺候。儿子最爱吃的煎蛋、干酪、牛奶、面包，比他自己的咖啡都还准时上桌。

我们家像是打开一整天的"德语教学频道"一样，儿子说一遍中文，他就重复三遍德文，就是要儿子说的德文比中文多。

做妈妈会做的事，不稀奇；要做妈妈不会做的事，才厉害。爸爸发明了父子俩专属的"床上游戏"，他们秘密称作"Bye-Bye"游戏，躲躲藏藏又戳来逗去，兴奋得很！

儿子还会从客厅直冲上床，大喊"Bye-Bye——"，两人享受他们的快乐时间去。我几次想参与，儿子还因为空间不够，"请"我离开……几回下来，我倒是乐得轻松，每次他们说要去床上玩，我就可以有二十分钟的"Me Time（个人时间）"。

睡前讲故事，爸爸也一改过去觉得"怎么一直重复"的无奈神情，说学逗唱，每本书都重复读三次！

我常心想：大概只有对你儿子会有这种耐心啊……

妈妈不要那么无可取代

有时不免替爸爸感到无奈，小小孩就偏要妈妈，但他又得当个现代好爸爸，在孩子死命哭喊"要妈妈"的时候，变身孩子的大玩偶。三百次被孩子推开，爸爸要说那三百零一次："爸爸在这里！"看在我眼中，实在是有点无奈的喜剧效果。

我好几次想出手救援，跟老公说没关系，反正我也在。他就会一脸严肃地跟我说："他是我的儿子，我是他的爸爸。家务我们或许可以彼此分工合作，但父亲的角色，是没办法由妈妈代劳的。'我'想要和'我的儿子'做这些事，而且我希望你可以不要这么无可取代。"老公甚至要求我出门做自己的事情，这样一来，儿子就没妈可找了。

爸爸的"强势逆袭"还真的管用。

终于，在努力了几周之后，迎来某个值得纪念的早晨。儿子起床竟然第一次要"和爸爸"出房门玩，之后睡前还会指定爸爸念故事给他听，并开始会说一大串德文，老公简直龙心大悦！

我们都明白，全能的妈妈很难取代，不过"花时间"三个字，对于建立所有关系都适用，而且任何时候开始，都有用。孩子不会理智地用大脑理解"爸妈爱我"，但他们的感觉神经极其敏锐，和谁在一起最有趣、最被疼爱，谁最愿意放下手边的事情陪他一起玩，他们会自然而然投向那个怀抱。或许，孩子不是那么一定要妈妈，而是爸爸给了很多让妈妈独享与孩子建立亲密关系的机会，也或者是，妈妈把爸爸和孩子建立这样关系的空间给占满了。

每个人都能从关系中受惠

爸爸妈妈建立的家庭双人团队，彼此互补，然而对于孩子来说，并不会因为有了很多妈妈的爱，就不需要爸爸的。

德国单亲家庭不算少，老公也在单亲的环境成长多年。他曾经很不能原谅离开的父亲，当他成年后，才逐渐与生父重新热络起来。

他明白维持婚姻并不是每对伴侣的唯一选项，但"父亲"的角色并不应该因为婚姻的状态而有所改变。特别是当他成为父亲之后，更觉得这份天职绝非只有母亲的责任。

老公常说："父亲是一辈子的角色。不管多忙多累，不管孩子有多黏妈妈，孩子的妈有多厉害，甚至是已经与孩子的妈分开了，都不是一个父亲玩忽职守的理由。"或许是因为他的成长背景，让他有更深的体会。

我欣赏他的坚持，也因为他的坚持，我懂得放手，让他们有更多的"父子约会时间"。

写这些文字的同时，我们正结束家庭旅行，在飞回德国的飞机上。我坐在老公与儿子后方，听着他们两人开心地聊着天、玩游戏，享受父子时光。

这场爸爸的逆袭，受惠最多的不只是有爸爸陪伴的儿子，也完成了老公身为人父的自我价值实现。

07

向 爸爸学习带孩子

刺激的警车追逐战、
用泥土帮小孩做造型、
家里永远乱成一团……
但和爸爸在一起，孩子笑得特别大声。
爸爸的"乱糟糟""搞脏脏"育儿法，
好像也不错？

我一直觉得自己比较会带孩子。

当然，我是妈妈，而且是两个孩子的妈，孩子也与我亲近，最爱叫的就是妈妈、妈妈。我很清楚地知道自己对两个孩子的重要性，有时难免忍不住"指导"一下老公怎么"搞定"儿子。

直到儿子满一岁半之后，似乎有越来越爱找爸爸的迹象。一方面我乐得轻松，但也从他们的互动中明白，有时真的该向我那初次当爸的老公学学。

孩子和爸爸在一起，笑得特别大声

这一点真的很奇妙。只要有爸爸在，儿子常常大笑到无法停止。父子俩常玩一些我看了都胆战心惊的游戏，刺激度根本不能与我陪玩时相比。

像是玩车，我就只是和儿子把玩具汽车"咻"过来"咻"过去。儿子虽然也很开心，但跟他爸爸玩的时候，就是把两台车对撞，然后警车又开过来，完全是好莱坞动作片的规模，可能在他们脑中还有爆破与枪战之类的场景，那又是我不懂的境界了。

像是玩球，我也只是在地上把球踢来踢去，儿子跟着东跑西跑练体力，因为妈妈很怕球啊。但爸爸来玩，就会有高飞球、变化球，然后有快速射门，什么绝招都使上了！这招真的很难学，我能做的就是不在旁边紧张碎碎念。所以老公三令五申，不准让儿子看到我怕球的模样，免得他有样学样。这危险任务还是交给他吧！

儿子和爸爸一起玩，笑得特别开心！

孩子学会许多奇妙的词汇

　　最近儿子常指着书，一连用德文说了几个我听不懂的词汇。我想，是儿子发音还不正确吗？问过老公才发现，原来儿子说的是"潜水员""耕耘机"和"意外（撞车）"，而且他讲得很正确，倒是我从来没想到要教儿子这些词。我发现自己比较会挑选认为孩子能懂、会发音的"安全"词来说，就算已经刻意要求自己不要用叠词，还是常脱口而出。但老公就是直接跟孩子对话，好像两个同年龄的小孩一样（嗯，我知道有时候的确是事实），他们用的词汇，比较没有"年龄限制"。

　　虽然现在要我说出德文的"耕耘机"，还是很绕嘴，但我努力不统称交通工具为"车车"，而是把垃圾车、警车、挖土机、救护车等所有车种尽量说清楚。至于车子的品牌，就交给老公了。

家里总是很乱，但好像也没关系

　　每次我一个人带孩子，家里还是可以保持得很干净，但如果是老公一个人带孩子，他就是专心带孩子，家里则乱得像被炸过一样（的确像是被两个孩子炸过）。

　　说真的，我一开始有点生气，弄得这么乱，我回家后还要收拾，为什么不一边陪孩子一边收拾呢？后来我观察，其实我带孩子，很多时候是启动"50／50模式"，也就是我只花一半的心思陪儿子玩，另一半则用在家务或其他事情上。对妈妈们来说，这似乎很正常，但对爸爸们来说，就不太一样了，至少对我们家爸爸来说不是。

　　他和儿子玩，就是自己也"下海"一起玩！儿子玩沙子，他也一起堆沙堡，然后一起推倒它。和儿子踢球，好像自己在练球一样认真，满头大汗。这样当然压根没想到要收拾。

　　所幸我们家爸爸，在送儿子上床睡觉之后，就会从顽童恢复成男人。其实一起收拾，很快就整理好了，和老公还可以边整理边聊天。

　　我现在不再那么死板了。向老公学习，亲子时间就专心陪孩子。家里不需要像样板间一样，重点是生活得愉快。这是我从老公身上学到的"乱糟糟育儿法"。

穿什么无所谓，反正一下子就脏了

我不算太重视孩子衣着的妈妈，不过有时看到老公帮儿子做的"造型"，实在不敢恭维。老实说，我还偷偷换过几次。老公常说："泥土就是小孩最棒的衣服和装饰。"

看到脸书上，朋友把自己孩子打扮得像王子公主一样，转头看看我们家儿子，我就自我安慰："靠天然帅就好……"因为儿子玩沙玩土，几乎是每天的例行公事，我们家门口常一堆沙土迎接来客。孩子穿得再帅再可爱，一到沙坑立马灰头土脸。

老公的解决方法是"多带一套"，就不需要担心宝宝弄坏或弄脏还得见人的衣服，让孩子尽情玩耍。这就是老公的"搞脏脏育儿法"！

虽然我仍旧觉得"妈咪育儿法"有很多比爸爸厉害之处（例如我就有办法让儿子吃完碗里的饭，老公对此心服口服），不过，偶尔向儿子的"大玩偶"学习一下，放声大叫、疯狂大玩，用"乱糟糟"与"搞脏脏"育儿法，让自己松一口气，真是不错。

08

妈妈也要下班

老公总说：你该有自己的休息时间。

我心想：怎么可能！

婆婆则告诉我：妈妈也要有下班时间。

家里没什么事，非妈不可，

妈妈快下班，放下罪恶感，去做喜欢的事。

我看着在客厅一角自己开心玩耍的小儿子，回忆起这一年多来的"兵荒马乱"，此刻简直是天堂。

妈妈怎么可能休息？

回想起十多年前，大女儿出生时，我亲自带她，还同时创业，每天不是带孩子，就是工作。每晚陪睡的时候，就连让自己不小心睡着的机会都没有，手边总是带着笔记本电脑回着电子邮件，或者打着文件，鲜少有时间留给自己。

一肩扛起母亲和创业者这两个角色，像二十四小时便利店全年无休，我在那几年，把中国女性的吃苦耐劳发挥到了极致。

一直到女儿上了小学，事业也稳定了些，我才偶尔偷空做些自己的事。

但没想到，十一年后我又怀了儿子。儿子出生后，女儿也搬至德国一起生活。一个新生儿，加上一个转换环境的青春期少女，还得同时遥控在国内的事业，让我再一次回到"鞠躬尽瘁"，就快要"死而后已"的疲惫状态。

老公总说："你该有自己的休息时间。"

我总心想："你来当妈试试看，怎么可能！"

妈妈要坚持保有自己的时间

有一次德国婆婆来访，见到我忙碌疲惫的样子，实在看不下去了。她"勒令"我去睡觉，接着她带儿子出门，还买了些食物回来。我起来后，还能稍微整理一下家、看看书，当他们回来时，我整个人神清气爽。

婆婆告诉我："妈妈也要有下班时间。"

过去她一个人带着三个年纪相仿的孩子，中间还经历了多年的单亲生活，独自照顾两个相差一岁的兄弟档，她说，当时常忙乱到想捶墙。

但她知道，**如果不照顾好自己，只会将疲累和情绪带给孩子**。这不该，也不是她想要的。所以她坚持每天比孩子早一个小时起床，安静喝杯咖啡，看报看书，做些家事。就算身边没有人帮她，她仍告诉自己，要坚持保有自己的时间。

让孩子学习尊重"爸妈的下班时间"。

除了早起一小时，每天晚上，婆婆更坚持孩子们一定要八点十五分之前上床睡觉，直到孩子上了中学，仍旧如此。

孩子年纪大了些，当然会抗议，但她说得直接："妈妈我也要下班。你们睡觉了，妈妈才能下班。所以请进房间。"

所有功课的问题、任何需要，都要在八点一刻之前完成，超过这个时间，婆婆是不会帮忙的。几次面临火烧屁股的状况，婆婆仍坚守原则，不为所动，久了孩子们也就接受与配合了。八点十五分的"妈咪下班时间",就这样成了他们家的固定时刻表。

听我老公说,其实他们长大之后都知道,为什么是八点十五分?因为八点半,妈妈要收看一个固定的电视剧。但他妈妈非常坚持,不在孩子同在的时候看连续剧,所以一定要等小孩都就寝了,她才能好好享受。这个原因挺可爱的。三个孩子也学到了要尊重爸妈的时间,知道爸妈也需要好好休息。

疼爱自己,不需要有罪恶感

这也是为什么,老公希望我别总把时间都给了孩子、给了他。

他从小学习到的观念,就是"每个人都需要休息时间",就连妈妈也是。所以休息的时候就是休息,不要再做家事,不要再忙公事。就算我不与他一起享受这段时光,他也觉得很好,因为每个人都需要一段属于自己的时间。

我这才发现,一直以来,我对于"做自己的事"存在很深的罪恶感。如果我有空闲时间,但家里的碗盘是脏的、玩具没有归位、衣服没有洗完、工作还有待办事项,我就得马上完成,否则就是浪费时间。

但是，永远有洗不完的碗盘和衣服、收拾不完的东西、源源不绝的待回邮件和工作，到底什么时候妈妈才可以休息？

妈妈只要等一下，其他人都会自己做

我还很容易觉得"只有妈妈可以"做好所有的事。小孩哭了，马上就放下手边的事冲过去；家人需要什么，立马帮忙找；孩子饿了，赶紧张罗食物。

然而，套用一句老公常对我说的话："你只要等一下，其实我们都会自己做啊！"这话一点也不假，就连两岁的儿子，饿了都会自己去翻东西吃，何况是更大的孩子，甚至老公呢？

与其什么事情都只有妈妈知道、只有妈妈能做，还不如等一下，让大家自动发挥各自的"求生本能"。

所以当我学习婆婆，设定了每日的"妈咪下班时间"，并且严格执行，女儿也开始自动在八点前把所有事做完。

当孩子知道我们之间的互动关系不是如主仆般随传随到，他们也才能学习尊重父母的时间规划，进而好好规划自己的时间。

妈妈在下班时间，做自己喜欢的事

　　每一天的教养，都为了孩子独立那天做准备

爸妈的下班时间，神圣不可侵犯

每天晚上，在这段时间里，我会好好筛选，只做些令我放松、没有压力、做完之后还会更有活力的事。比如，我会和老公看看足球赛、相册、电影，或只是窝在沙发里喝啤酒聊天，享受二人世界，或自己看看书、写文章，和朋友聊聊。不论做什么，就是不准自己工作。

事情做不完怎么办？我向德国婆婆学到的方式，就是把家里的"家事"当作"全家人的事"，尽量一起完成。儿子与我一起洗衣晾衣，女儿与我一起下厨，老公与我一起收拾厨房和客厅。一开始这么做，令我充满了罪恶感，甚至觉得自己变懒了，但调整后的心得就是：一起做，真的很快，而且很快乐！

"妈咪的下班时间"是如此神圣不可侵犯，我才会珍惜，而其他家人也才会尊重。我甚至在白天时就在脑中盘算，今天晚上的下班时间要用来做什么呢？光想到这点就让我觉得开心。

虽然，还是有洗不完的碗盘和衣服、收拾不完的东西、处理不完的公事，但知道什么时候喊"停"，比起把自己燃烧殆尽，再来发飙抱怨，来得聪明多了。孩子们也能看到一个更有活力的妈咪，老公有个情绪稳定的老婆，而我也不再让自己淹没在家务里而成了黄脸婆，可以拥有自己的空间与时间，做喜欢的事。

第 *3* 部分
学习自律，而非他律

一个孩子被形容为"很乖很听话"，

也许是习惯他律，被动地接受大人指令，

但没有大人在一旁，就不知所措。

为此，我倾向用"主动配合"来评估孩子是否自律。

09

手机万恶？能不能自我管理，才是重点

"为什么大人可以，小孩就不行？"
不是因为"大人就可以"，
而是能不能"自我管理"。
共同的规范，加上幽默的沟通，
我发现，
孩子其实没我想象中那么爱玩手机。

手机与网络，这两个现代人最无法离身的事物，真的令人又爱又恨。"现在不要看手机"已经取代了"把电视关掉"，成为爸妈头痛排行榜的前几名。

女儿有段时间必须在不同住处往返，联系常有困扰，也让我担心她的安全。几经考虑，我还是给她买了手机，方便联系。

然而我一直后悔自己给得太早。从此以后，全家人都必须学习如何与"它"和平共处。我承认，当时自己还没准备好接受这个新成员的加入，直到现在它已"进家门"三年多，我有时还是很想直接将它扫地出门。

"为什么大人可以？"

有次与女儿沟通，她提到了现代爸妈最害怕的问题之一："为什么大人可以任意使用手机，不会挨骂，我们就不行？"我在回答她的过程中，也似乎回答了我自己要如何接纳"她的爱"进入我们的生活。

我告诉她："手机很无辜，错的不是它。就像电视、计算机、网络、电子游戏机，错的都不是这些东西，而要看使用它的人懂不懂得在'什么时候''什么地点'做这些事，以及做'多长时间'。"

并不是因为"是大人就可以"，而是取决于自我管理的能力。

大多数孩子在还没有这样的能力之前，需要外在的规范。而这些外在的规范，若没有内化成自发性的管理能力，以致不管到了多少岁，都需要在他人的要求与监控之下，才能好好生活，这就不是父母所乐见的了。

与其他"诱惑"不同的是，手机属于她，随时与她同在。电视、电子游戏机可以轻易关掉，但要控制她如何使用手机，实在困难。

我曾试过要求她"限制使用时间""一回家就把手机交给我""时间一到就关网络"，但都没有很好的效果。要教会孩子自律，真是难倒我了。

用不同眼光看孩子的"最爱"

如何帮孩子完成这项功课？我先试着回想自己的成长经验，开始用不同眼光看孩子的"最爱"。

小时候总被念"少看点电视、漫画、武侠小说"，甚至是禁看，好像这些是让我们误入歧途的洪水猛兽。但现在想想，这点小嗜好其实没那么恐怖。我现在还能写出一点文章、说出一些故事，金庸也算是功臣之一。

上网也并不是完全负面的。女儿的学校作业与报告，老师不开书单，而是开"网站链接清单"，要完成就必须"上网"。我自己每天也会刷手机，阅读新闻与新知，查询关于孩子的教育难题与健康知识，学习语言，预订旅游行程，与世界各地的朋友保持联系。如果现在突然没有网络，不只女儿痛苦，连我都会想尖叫！

身边有手机与网络，让我有安全感，这是事实。但是，为什么看到女儿使用，会让我如此紧张？当我认识到这不是"万恶手机"的错，而是对于女儿自律能力的不信任，以及父母害怕对孩子失去控制，我就比较能用不同的眼光看待这个问题了。

既然希望孩子自律，我就不能总说着"放下手机"，必须想想其他办法表达与沟通。

别变成手机警察！与手机幽默共处

不希望家中过度屏幕化，那就设定彼此同意的底线吧，家人也能彼此提醒，减少共同生活的不愉快。我们家的底线是：

● 与人同桌吃饭或喝咖啡时，不用手机。

● 与人对话时，放下手机。

● 没做完该做
的事情之前，不上网
（确认收到与回复信
息无妨，但不一直花
时间挂在网上）。

● 不影响安全
与睡眠。

这适用于我们

家两个大人和少女，两岁的儿子则是实施"几近于零"的使用原则。我们会先放下手机，再陪儿子一起开心地玩。

虽然我难以忍受手机出现在饭桌上，但实在也不想一开口就破坏用餐气氛。于是我试着幽默点表达："我想以后，你的男朋友很容易与我有共同话题。因为我们跟你约会时，你都不看我们！你放心，我会安慰他，你还是爱他的。"她听了就会笑一笑，把手机放下，当然偶尔会配上一句"好啦"。

几次之后，我终于能进一步说："宝贝，现在是我们的约会时间啊！"她就懂我意思了。吃饭不看手机，才渐渐变成习惯。

我不介意她有时突然拿起手机，看一下信息，只要不干扰整体家庭互动就好。我与她在一起时，会各自享受片刻的安静时光，我也不介意这时她使用手机。多点弹性，也让我不至于成了"手机警察"。甚至在这种状况下，我还有机会问问："谁呢？有急事吗？"顺道提起话题，和女儿聊聊。

我们还经常聊到脸书上疯传的新闻或影片，也会传给对方有趣的内容。现在，手机与网络变成我们沟通的平台之一，增添不少话题与乐趣。

我也提醒女儿，有些人觉得你与他在一起时，看看手机无妨，但有些人会非常介意。**"如果你希望与对方相处愉快，就要懂得'看对象和场合'**。你带着男友与其他人出游，即使妈咪能接受你们在我面前亲吻拥抱，不代表其他人都觉得舒服。你也不会在刚失恋的朋友面前，与男友表现太亲密吧？"

共同的规范，加上幽默的沟通，几次之后，我发现，其实孩子没有我想象中那么爱玩手机，有时真的是因为"没事做"，甚至是父母主动希望用手机让孩子安静下来。

内容儿童不宜？与其担心孩子看到，不如关心孩子想法

孩子上网接触的内容，越大就越难防。许多专家建议，把计算机放在公共空间，并由家长设定网页内容限制。但这只限于有父母在时，才能防止孩子观看儿童不宜的内容，却管不到孩子出了家门后用手机浏览了什么。

我非常明白，女儿已经能在网上查到所有信息。这是否让我担心？倒不会。父母的角色不是永远的把关者，而是教导孩子如何正确筛选对他们有益的内容。

女儿有一次告诉我，她在网上看到令她很不舒服的血腥暴力的影片。我的焦点，不是她怎么看到的，因为只要一连上网，就没有看不到的内容。我在意的是，女儿对这段影片的想法与观点、对暴力欺凌的敏感度、遇到这类事情的处理方式，

以及是否明白暴力欺凌的法律后果与社会代价。

我很感谢女儿主动与我聊起这段影片，让我们有机会深入讨论。至于女儿为何选择告诉我？这就得靠经年累月在与孩子"无话不谈"这件事上的努力。

感谢女儿的"初恋"，让我面对教育的恐惧

随着时间过去，女儿仍然与她的"最爱"维持着密切的关系，但我不再那么讨厌它了。

它帮女儿和我们一家人，留下好多精彩照片；它也会唱所有我们爱听的歌；在全家人等飞机时，最爱的活动之一，就是一起玩游戏。

虽然有时我觉得女儿实在爱它太多了点，但我知道女儿爱家人更多。当她知道我想和她约会时、我需要帮助时、跟弟弟玩时，和她需要负起她的责任时，她会放下它。

每个阶段，孩子总有沉迷之物，从孩童时期看千百万次的同一部动画片，到游戏、手机、网络，接着追剧、追星、交朋友……这一切，或许会让父母感到恐惧和担心，但只要我们一起参与，试着了解，孩子们还可能因此与我们更加靠近。

初恋总是波涛汹涌。我的宝贝女儿经历了与手机"如胶似漆"的热恋期，渐渐进入"稳定交往"阶段，或许还会迎来"老夫老妻"那一天。我也从一开始的"小姐听好了"，到现在大部分时候泰然处之。不只是孩子的自我管理能力，就连我的自我管理能力，特别是情绪管里，也随之进步了许多。

我知道，或许她的最爱每个阶段都不同，但我从接纳手机进入我们家庭，学会了怎么与她沟通我不喜欢的事，学会了面对教育上的恐惧，学会了努力帮助她管理自己和尊重别人。

我想，我会永远谢谢她的这场"初恋"。

10

情绪管理大原则

教孩子自律，
先从学会做情绪的主人开始。
理解、冷静、等待、
给予孩子选择情绪的空间，
都是很好的自我管理大原则。

"两岁孩子常抓狂，爸妈也跟着抓狂，怎么办？"
"如果孩子用哭闹，甚至打人的方式来要东西，怎么办？"
"孩子胡闹时，你们会处罚吗？"
"该怎么教孩子管理情绪？父母又该怎么控制自己的情绪？"
最近看了读者最想问的教育问题，才赫然发现，孩子与爸妈的"情绪管理"问题，有多困扰。我可以想象当下的紧张状态，以及爸妈束手无策的无力感，甚至随之而来的情绪和争执。

其实，两岁孩子的鬼吼鬼叫，在我们家也是家常便饭。只要听到"No"，就一秒落泪，也是儿子的绝招。

儿子从小演技高超，这种戏码对他来说易如反掌，倒是没什么戏剧细胞的我们，得花点时间去理解，到底发生了什么事，让这位"八点档小生"如此激动。

对我家那位不动如山的爸爸来说，两岁孩子的瞬间哭叫，更是难以忍受。有时若没能及时处理，爸妈的火也跟着起来，可得花不少时间，才能恢复"我的家庭真可爱"的气氛。

这些，都是两岁孩子家庭的日常。

理解孩子：再平静的小孩，都会有失控的时候

首先想告诉大家的是："这没什么大不了的。"没有这些"鸟事"的家庭，世间罕有。不需要觉得自己的孩子特别难搞，或担心这样闹，会带来一辈子毁灭性的后果。个性再稳定的孩子，也有抓狂的时候；脾气再温和的爸妈，也有吼叫的时刻。

家人间若能找到良好互动的模式，孩子能学习到让自己冷

静下来的方法，气氛很快就能恢复正常。

但如果失控状况发生时，没能阻止"灾情"恶化，一把火烧起来，竟成了"森林大火"，孩子哭闹的时间不减反增，甚至到大了都习惯用同样的方式表达，就不妙了。

我不求孩子的表现完全理智、不吵不闹（如果真有这样的孩子，也挺吓人的），我只希望自己多花点心思，思考该怎么让情绪失控的次数变少、强度变轻、时间变短。

别用"比他大声"，让孩子安静

爸妈偶尔情绪失控，并不是什么罪大恶极的事，但绝对不可以变成言语或肢体暴力！

在激烈情绪之下的任何管教，都很容易让孩子只记得情绪，而忘了自己做错什么，更别提盛怒之下的体罚了。

父母都有类似经验，当孩子用哭闹表达时，我们实在受不了，大吼"不要再哭了"，想让孩子安静下来，结果孩子哭得更大声。

"别和孩子比大声"是第一守则。

我与老公有一个默契，只要有一方开始"准备狮吼"，另一人见状，就要前来救援，让濒临情绪崩溃的另一半能够冷静。

但千万记住，此时绝对不要"指导"对方该怎么做。人在气头上，什么都听不进去，"跟你讲过了，不要吼小孩"或"你这样要孩子有样学样吗？"之类的话，只会火上加油。

沉默是金，最好默默把孩子带开，轻拍一下另一半的肩膀，让对方知道"我在"，都是简单的灭火方式。

如果自己一个人带孩子，需要几分钟冷静一下，可以在"确定孩子不会有危险的状况下"，暂时离开现场。我通常会走到隔壁房间，不关门，但让自己深呼吸，再回来处理。

如果我无法离开现场，就会让自己不讲话，静静等情绪过去。要教孩子任何"道理"之前，先把自己的情绪稳定下来，才能真正达到目的。

孩子，我等你哭完

要一个人完全没有负面情绪，是不可能的，对小孩来说，更是如此。

当我们允许孩子"有"情绪，也等同给了他们一点空间与弹性，并传达一个重要概念：我有情绪是正常的，只是我要知道怎么处理和表达。

如果家里能安排一个"情绪角落"，安全且不影响他人，会很有帮助。不过，别只是把孩子丢在那儿，我通常会蹲下来，认真但平静地看着儿子，对他说："我等你哭完。"

孩子一开始会试探，他能否用哭闹得到想要的东西。有时还会加把劲，测试我们的底线。这时，**父母温柔又坚定的态度，绝对是关键。**

宣泄情绪也有基本守则：不能伤害他人，不能伤害自己，不可以破坏东西。像是在公共场合大声哭闹或打滚，已经大大影响到别人，最好把孩子带到不影响他人的地方，再来慢慢处理。

让孩子选择情绪的表达方式

女儿还小时，我就告诉她："所有事情都有'开心'的方法和'不开心'的方法，你自己决定要用什么方法。"做出选择后，不论好坏结果，都要一并承受。

我说的并不是她自己开心或不开心而已，而是当她"选择"用哭闹的方式，那她就要承担"哭闹的后果"，得不到想要的东西，而且其他人也不开心。到了孩子青春期时，我一样会提醒女儿：你当然有摆臭脸的权利，但摆臭脸是有代价的。

在大人的世界，也是一样。好比所有的沟通，都可以选择愉快的方式，或让别人不悦的方式。

与其滥用恐吓和处罚，强逼孩子就范，倒不如留给孩子选择的余地，让他们有机会辨识，哪一种表达方法比较有效。

结果学习法：不需要惩罚的一种教育方式

有网友问我，在家里怎么处罚孩子，我仔细回想，才发现我们已经很久没有"处罚"小孩了。

两岁孩子闹脾气，真的不需要处罚吗？我也曾经怀疑过。但我发现，只要孩子明白："发飙或过度调皮（例如欺负别人）的结果，就是没得玩""又哭又闹，就是什么都得不到"，其实孩子很快就懂了。

儿子遇到不喜欢的状况，仍会一秒掉泪，也会哭叫，但只要我们说："可以好好说话吗？"大多时候他都可以在五秒之内，

擦掉眼泪，用可爱的声音说"好——"，让情绪慢慢稳定下来。

有时候需要长一点的时间，我们就等待。

再开心的孩子，都会有伤心、难过、失望与愤怒的情绪。越是懂得自己情绪与感受的孩子，越容易理解他人。

当许多人对我们说"你们家孩子都好开朗"

的时候，我们知道，这并不是因为他们都不哭闹、不发怒，而是他们从每天的练习当中，学会了怎么处理自己的情绪，由负转正，甚至学会道歉与和好，表达自己的愿望与感受。

　　这功课不容易，也是身为父母最棒的部分：我们所有修炼与学习的成果，都会在孩子们的身上呈现出来。教孩子情绪管理的过程，也是我们自己成长的绝佳机会。

11
情绪管理小技巧

有情绪，没关系，
知道情绪管理大原则，
加上小技巧，
陪着孩子度过情绪风暴。

儿子从一岁九个月左右，就提早进入"Terrible Two"[1] 阶段，不只强烈表达个人意见，情绪波动也很大。儿子开心时，奔跑、唱歌、跳舞、频频说"我爱你"，超级可爱。但如果想要的东西没到手，下一秒就崩溃了，甚至还加演倒地敲头的戏码。

---

[1] Terrible Two，与育儿有关的一个常用词，中文意思是"可怕的两岁"。幼儿到2岁左右会有一个反抗期，对父母的一切要求都说"不"，经常任性、哭闹、难以调教。——编者注

陪伴两岁儿，面对失望

有一次，泡泡水没了，儿子没法吹泡泡，整个人大崩溃。

不巧适逢周日，德国的商店不开门，要买都不可能。不过就算有地方买，我也不会屈服于哭声，因为只要有一次，我以后就搞不定他了。

每个人都有想要的东西，如果没有机会让孩子学到"要"的方式，等长大了，甚至成年了，可能都不知如何表达。

我一脸平静，告诉他，妈妈知道他想吹泡泡，但是泡泡水没有了，没办法吹出泡泡（嗯，这道理说来简单，对这年纪的孩子仍需要一点时间消化）。要买新的泡泡水，才能吹泡泡，但要等明天才能买。

我坐在他面前大概抱得到他的位置，指着我前面的地板，重复说道："你来妈妈前面（停顿）。你不哭才听得到妈妈说话（停顿）。如果你用哭用叫的方式，我们就不买泡泡水了（停顿）。"内容包含：他必须先自己走到我面前，然后停止哭泣，接着听我说话。

对一个一岁九个月的孩子来说，我知道不容易，但让他自己完成过程，非常重要。而我每句话之间，刻意停顿，除了不想连珠炮式"轰炸"，也希望他有时间思考和行动，有机会靠自己的力量做到。

如果孩子一哭，爸妈就马上禁止，甚至处罚，那他就算停下来了，也学不到自律，而是他律。甚至爸妈如果大声喝止，孩子只学到"害怕"和"说话大声的就赢"，不知道怎么讲理，以后就是有理，讲也不听了。

一开始，我一讲"泡泡"两个字，儿子就崩溃。我抬起我的"黄金食指"，看着他的眼睛，重复说过的话，指着前面的地板。接着，他终于能走到我面前，但仍旧哭泣。我握着他的肩膀，看着他眼睛，再重复一次"你不哭，才听得到妈妈说"。最后，他终于不大声哭了，含着眼泪。

我重复最后一句话，他点头，说："好！买泡泡水。"然后靠在我身上，给我一个抱抱。这个过程，花了我整整二十分钟。

我抱着他很久。我知道这对一个一岁九个月的孩子，很难。要从情绪崩溃到冷静下来，对很多大人都不容易。

我替他感到骄傲，因为他不是因为"怕我生气"或"怕被处罚"，所以不哭，而是听懂了每句话的意思，自己转换情绪，还能给我拥抱。之后，他又变回开心小捣蛋，踢球玩玩具，好像一切都没发生过。

但也幸好这发生在家里，才能花时间慢慢解决。我很庆幸儿子还没开始在外面展现他的"戏剧天分"，让我们有机会在家里做"事前教育"。

有情绪，没关系；怎么表达，需要学习

这个过程不是我突发奇想，而是过去与女儿"交手"得到的经验。

我没有什么运气，两个孩子都算高敏感孩子，头几个月都很难入睡，个性强烈，哭声特大。本性难移，但我一直相信，后天的调教，能让"本性"用较好的方式展现。

女儿毕竟是第一胎，我花了较长时间摸索，十一年前的我还年轻，自己的脾气就不算好，怎么教女儿情绪管理？擦枪走火，在所难免。

现在我知道，如果要孩子学会自律，绝对要先从情绪管理开始。做不到，就很难讲理；不讲理，就很难定规矩；没规矩，孩子和家庭生活就会一片混乱。

但有必要这么早开始吗？当然没有标准答案，毕竟每个孩子都不一样。

当我跟老公说："我最近的目标，是教儿子'管理情绪'。"他一脸怀疑："有可能吗？他都还包着尿片呢！"但我观察儿子，其实已经听得懂，也会做基本表达了，可以慢慢让他知道，表达"想要"或"不想要"，不是只有"哭闹"一招。

帮助孩子练习表达

有几句话，是我过去常跟女儿说的，现在也继续跟儿子说："我们不是小蜜蜂，所以用说的，不用'哼哼哼'。"

小孩哼哼叫，真的让人理智断线。在我们家"哭腔禁绝"！如果用哭腔，得好好再说一次。

"每件事都有'开开心心'的方法，和'哭哭'的方法。你要选哪一种呢？"然后给他一个很大的笑脸！孩子真的懂，儿子现在大多数时候，都选"开开心心"。

"你用哭（叫）的，我听不懂。请重新用'说'的。"这也适用于青春期的孩子："你用臭脸，我看不懂你要什么，请用说的。"

"你开开心心，别人（妈妈）也会开开心心。可能除了给你××，还会有礼物哦！"这也是希望让他们知道，大家都喜欢"笑脸人"，用微笑有理的方式，更容易得到想要的东西。

"用哭用闹的，什么都没有。"这是我们家的底线了。如果孩子用闹的，就算本来很容易就可以给他的东西，我也不给。他愿意停止哭闹，我就请他"重新再说一次"。

我们家不养"妈宝"，也不养"打滚儿"。千万别觉得"他只是个孩子"，其实孩子学得比很多大人都快。

12

两岁的孩子，也能跟大人好好沟通?

两岁的孩子跟"奥客[1]"，是同样品种的生物。
当你了解后，
会发现家里的小"奥客"其实没那么恐怖。
安抚情绪，并与孩子沟通，
熊孩子也能变成贴心娃。

儿子的"Terrible Two"阶段，不算惊涛骇浪，但也绝非
轻松愉快。

有一阵子，老公比较多时间待在家里，亲眼见证我每天与

1　奥客，闽南话，指在便利商店里不受欢迎的顾客，如挑东挑西、乱讲价
的顾客。——编者注

儿子上演的"沟通"戏码。从换尿片、选衣服、袜子、鞋子、吃东西、玩玩具、刷牙、洗澡、睡觉……几乎没有一件事，可以听到"好的，妈妈！"这简单的回答。

爸爸又特别容易用直接的方式沟通，像是"爸爸说不可以""你穿上就对了"，父子俩经常是"小的哭，大的吼"，不得不让妈妈出山来调解。

前几天老公终于忍不住问我："为什么儿子比较听你的？"

我笑出来，说："大概是我人生有很长一段时间，都在搞定'高需求'客人吧！"

嗯，你没听错！两岁娃跟"奥客"，是同样品种的生物。

我过去在国内经营婚礼顾问公司时，高需求客人都会落在老板头上，不接不行！但当我真的承接下来，发现家里的小"奥客"其实没那么恐怖，他们只是很清楚自己"不要"什么，却还不知道怎么表达自己"要"什么。只要简单几招，冷静沟通，都有机会变成贴心客人，而且爱你爱得要命。

为了"拯救"总是撞墙的老公，我整

理了几个与我家小捣蛋过招的小秘诀，与大家分享。

不要"遥控""声控"。走到孩子身边蹲下，安静地看着他。

当"警报"响起，别尝试从房间大吼要孩子安静下来，这招对两岁娃一点用都没有！

先放下你手边的事情（包括手机），用平常步伐，忍住咬牙与骂人的冲动，走到孩子身边，蹲下来，看着他的眼睛。

这几招，已经能解决轻微的抗议。有时候"警报"响起，只是一个玩具掉到沙发底下，孩子拿不出来而已。孩子不是故意吵爸妈，只是说不出完整的一段话来描述他的需要。

我通常会抱起他，坐在我的腿上，然后轻声在他耳边解释，他不需要大叫的原因，例如"就算大叫，玩具也不会跑出来"。

接着我会示范一次，他可以怎么告诉我，例如"妈妈在晾衣服，你可以过来找妈妈，说'玩具不见了'或'妈妈帮忙'"。

陪着孩子安静下来，比大吼大叫、跟孩子比谁的声音大来得有用。当你和孩子越靠近，他就越得把注意力放在你身上，也越能感受到你认真的态度。**注意，孩子不能习惯被念叨，被"声控"久了，容易左耳进、右耳出，这一点，连在两岁娃身上都能清楚看见。**

有时孩子仍躁动不停，我会一手抱着他，一边用"黄金食指"比着我的眼睛，压低声音说："看着妈妈。"几次之后，我甚至不用说，只要比出"黄金食指"，孩子就懂了。

多用正面指示，取代负面禁止

例如，带孩子到餐馆用餐时，对孩子说"我们慢慢走"，取代"不要乱跑"；用"好好说"，取代"不要吵"。并不是说完全不能讲负面禁止的话，但后面要记得加上原因，以及该怎么做。

很多刚会走路的孩子过马路时，都爱自己冲，老公之前都会说："在街上不要跑！"我猜，儿子只听到"跑"这个字，更想冲！

当我们改口说："停！请和妈妈牵手。"接着说："你看看，现在是绿灯还是红灯？"来转移孩子想冲的念头。

就这样，儿子两岁不到，就已经会看红绿灯，还会跟我说"马路停，牵手"，和"红灯停""绿灯走"，我们说他已经是实习交通警察了。

让孩子有所选择

让孩子有所选择，或至少让他们觉得自己有选择，这一招真的很好用。

每一天的教养，都为了孩子独立那天做准备

以前面对筹备婚礼的客人，如果要新人从千百种花中选择一种他们喜欢的，你绝对会晕倒！客人会回家做三天功课，然后选一种这个季节根本没有的花材，请你变魔术。我们的做法是，先问几个问题，确认客人喜好之后，给三到五种选择。每一种选择都可行，也符合客人需求。这样客人就不需要花三天时间，我们也不需要完成不可能完成的任务。

同理，对蹒跚学步的孩子来说，两三种选择就够了。让他们有"决定权"和"参与感"。两件上衣选一件，两种点心选一种，想吃饭还是吃面？

当孩子做该做的事不要睡觉的时候，还可以声东击西。比如儿子不想睡觉，问他"你睡觉前想看哪一本书"。当他不想坐推车，我却赶着出门时，我会问"你想吃哪种口味的水果泥"。后面的问题，看起来与前面要解决的问题，一点关系都没有，但因为"觉得自己有选择"的感觉实在太好，孩子自然忘了前面不想做什么了。

让孩子觉得"你是来帮我的"

每个人都有自己觉得重要的事，对父母来说，可能是"快来吃饭"；对两岁孩子来说，可能是"再玩一下"。两件事看来相斥，其实可以"双赢"。

正如我们想快点下班，客户却想马上收到定制的数据一样，如果我们说："不行，我要下班了。"肯定被投诉。但如果说："嗯，你的需求真的很重要，而且这个点子好有趣。这样吧！我先把手边有的资料给您，让我多做点功课，我明天中午前把专属于您的资料寄给您。"马上会得到不一样的响应。前者，你把"自己的期待"放第一；后者，你把自己定位成"帮客人解决问题"的帮手。

　　同样的道理，也适用于孩子。当父母说："不可以玩了，快来吃饭！"得到的反应都不会太好。但当我们说："你还想再玩一下，对吗？如果我们赶快吃完，就有更多时间可以玩。"孩子的反应会好得多。

　　当年我带女儿时，只要跟她说，晚点会有好吃的，她就会开心就范。当然，每个孩子都不同。但相同的是，**一旦让孩子觉得"你重视我的要求"，认定你是帮手，只要你想沟通，孩子都可以很快进入状态。**

　　这也是为什么老公发觉儿子比较听妈妈话的原因。是"妈妈都会帮我"的心理期待，让孩子愿意配合。

　　最后，其实就是多了解你的孩子。每个孩子都有不同的脾气与好恶，这都需要爸妈聆听与观察，才能弄清楚。

　　培养独立且关心他人的孩子，不是天方夜谭。父母得从每一天与孩子的互动中觉察自己过去的习惯，改变思维和行动，与孩子建立亲密的关系与默契。而同时，在努力帮助孩子独立的过程中，孩子也给了我们智慧与面对人生的勇气。这也是现代父母最需要的力量。

13

让孩子在餐厅好好吃一顿饭

亲子餐厅是孩子心爱的游乐场，
但餐点来了，孩子还舍不得回来，
饭菜冷了不好吃，就不吃了，
感觉我们不是来吃饭的。

有一次，我与老公回德国南部老家，整个家族一起到一家意大利餐馆，庆祝公公生日。在我们隔壁桌，坐着一家四口，若不是听到孩子与爸妈聊天，我们真还没注意到，隔壁桌两个孩子只是上幼儿园的年纪。

大一点的女孩坐在餐椅上，弟弟坐在儿童高脚椅上，点完餐，就一边画画和聊天，等餐点上桌。德国上餐通常颇慢，但他们从没离开过餐桌，四个人聊天玩耍，也是轻声细语。一直到两个孩子都吃完了，才一起下桌玩。

一家人好好吃完一顿饭，真的是许多父母心中美好的画面。

亲子餐厅，真能亲子同乐？

我回忆起上次回中国，朋友也有两个年纪相仿的孩子，我们一起约在台北一间知名的亲子餐厅相聚。很少去亲子餐厅的我们，真是大开眼界，有决明子坑游戏区，色彩亮丽的桌椅与玩具，还有为孩子特别准备的餐点，真的是孩子心目中的游乐场。

我们很兴奋，宝贝儿子更是。我当时觉得台北真棒，因为在德国的城市，很少有像这样的餐厅，能有这么大的孩童游戏区供孩子玩耍，顶多就是在一个开放的小角落，零星放一些孩子的玩具。

一点完餐，朋友的两个孩子突然大喊："耶！"接着冲向游戏室。而朋友继续坐在位子上陪我们聊天，倒是我和老公一直看着那两个孩子。他们正在游戏室玩得疯狂，我心想，等一下怎么让他们回来吃饭。

果真，餐点来了，虽然色香味俱全，装在精美的儿童餐具里，但朋友远程大叫了几次"过来吃饭"！孩子都没有回应。

我老公有点被大声叫孩子的声音吓到，主动问朋友："需不需要我过去，带他们回来吃饭？"朋友说："不用啦！他们每次都这样。"还是继续坐在她的位子上。我们家小儿子才一岁，虽然也想玩，但还不懂得学大孩子，因而坐在餐椅上喝着水，玩着玩具，否则我还真担心接下来大家都不用吃饭，全待在游戏室了。

用餐没多久，两个孩子开始有点无聊了，就一直从游戏室大声叫妈妈！他们叫了很多次，朋友都继续跟我们说话，我实在有点尴尬，终于打断她："需不需要过去看看他们要什么？或是请他们过来跟你说？"这时朋友才第一次离开她的座位，但还是没能成功将孩子带回来用餐。

两个孩子完全没有动他们的餐点，到最后冷了也不好吃，就不吃了。与友人难得相聚，也没办法专心聊天。我们这顿饭吃得"艰难"，餐点很好，环境也很好，但感觉我们不是来吃饭的。

我想亲子餐厅的立意，应该是希望增进愉悦的家庭用餐质量。但如果没有达到吃饭的目的、配合用餐的规范，就不像是去一间餐厅享受用餐时光，而只是游乐场。

"好好吃一顿饭"，这句话说来简单，但孩子是需要学习的，没有一个孩子天生知道该怎么坐在位子上吃饭，必须经过父母的引导。

当然，用餐没有一定的标准程序，与社会文化和家庭习惯都有关系，父母应该依自己家中的情况，确立餐桌上的规范。这就好比，如果没有让孩子建立"不是每样东西都能买"的观念，就带着孩子去玩具城逛街，那真的是挖了一个大坑让自己跳，绝对不会全家开心的。

父母先要有个认知：小小孩坐不久，这是很正常的。要孩子跟着大人，全部的用餐时间都坐在位子上，基本上是不可能的任务。但尽量让这段时间延长，且心情愉悦，是可以努力的方向。

选择适合的餐厅

我们**不带孩子去空间狭窄，或是需要客人注意说话音量的餐厅**。空间若不够宽敞，常常得小心孩子是否影响其他客人或者餐厅上菜，既危险又费神。而需要注意说话音量的餐厅，当然也不适合太小的孩子。

这不代表一定得去有游戏区的餐厅，对我们家来说，能够一起用餐，比娱乐小孩更重要。如果小孩坐不住，有一个空间，像是草地或花园，可以走走跑跑，就很不错了。

而我们一定选择有提供儿童座椅的餐厅。不只适合孩子用餐的高度，当孩子知道出外用餐就是坐在专属自己的椅子上，在位子上的时间也会延长一些。

看准时机，拿出法宝

我们出外用餐，都会随身带着蜡笔和画本，以及一些可以在桌上玩的小玩具。儿子有一台每次外出用餐都要拿着的蓝色小汽车，有它就能安然度过点餐与等餐的时间。千万不要带着会发出巨大声响和音乐的玩具，不然你只得忙着一直制止了。

德国等餐时间很长，我们也会准备一些水果泥，如果孩子真的饿到受不了，可以吃一点。但别给孩子吃了就不会吃正餐的食物，就算有，也得当成饭后点心。

用餐时最好有固定的顺序。我们希望全家尽量一起同桌吃饭，所以用餐的前半段，都会鼓励儿子自己吃。儿子吃饱了，会捧着餐盘说："好了！"

待我们评估孩子吃够了，就会让他下桌玩。如果是我陪他吃饭，那他爸爸就会快快吃，之后陪他，让我好好吃饭。

随着儿子年龄增大，他坐在位子上的时间也会延长。当然，偶尔还是会遇到儿子不太配合或餐厅环境不适合孩子的时候，我们尽量一周只在外用餐一次，时间选在午餐时间。

和孩子享受用餐时光

在亲子餐厅，孩子关在大大的游戏室里头，大人在外头吃饭聊天，"家庭时间"变成了各自找乐子。等孩子长大了，就在旁边看手机玩游戏，那时想调整，可能就来不及了。吃饭的时间好好吃饭，玩乐的时候好好玩乐，这句话真该贴在亲子餐厅的墙上，提醒家长。

如果把"吃完了就可以去玩"当作诱惑，用餐过程自然更加顺利愉快；如果孩子还抵挡不住这样的诱惑，就去一般的餐厅，从最基本的用餐习惯开始练习；如果想与朋友好好聊天，就安排可以好好聊天的约会场合，带小小孩去喝优雅的下午茶，完全是给自己找麻烦。

我们几个带着小小孩的妈妈，最常约的地方，不是咖啡厅或餐厅，而是我家。三四个孩子，开心地玩着我儿子的玩具，也带玩具来交换玩，妈妈们就在旁边的餐桌喝咖啡、吃蛋糕，谈天说地。孩子需要我们，我们就在旁边，有时甚至大人小孩都坐在地上，非常随性。

带孩子外出吃饭，的确是挺累人的事，但父母需要生活调剂，孩子们需要练习，也是一种偶尔的必要。**随着孩子年龄增长，也可以在餐厅渐渐学会用餐礼仪，如何礼貌地点餐，不浪费食物，尊重他人，甚至是如何与父母之外的大人互动等细节。这样看来，餐厅其实是个非常好的教育场所。**

希望好好吃一顿饭，都能成为每个家庭每天最美丽的画面。

每一天的教养，都为了孩子独立那天做准备

外出用餐，记得准备法宝

14

教孩子在公共场合自律自重

"你吃完了，但奶奶还在吃，
你要等我，我吃完了再一起玩。"
婆婆不厌其烦，
对才半岁多的儿子一再重复，
奇妙的是，儿子竟然懂了。
只要听到，就会安静几分钟，
最后吃完一顿饭。

对许多爸妈来说，带小小孩外出用餐，搭飞机火车，甚至只是逛个街，都是压力极大的事。

在德国餐馆用餐或机场候机时，我常用惊叹的语气对老公说："德国人不只是大人冷静，连小孩都挺镇定的。"其实德国的孩子们并不是不活泼，他们疯起来可野了。但是，德国家庭大多非常重视孩子在公共场合的举止，如果已经干扰到他人，父母多半会走到孩子身旁制止。

究竟，德国父母怎么教孩子们举止合宜呢？

我的德国婆婆表达感情的方式温暖又直接，连我老公已经成年成家，他们仍时常拥抱亲吻，表达想念与关心。但是谈到规矩，我婆婆可是比中国许多父母都还严格，连我也自叹弗如。

尊重孩子，也教孩子尊重他人

婆婆的标准非常简单，就是"尊重"。她尊重孩子，孩子也需要学习尊重其他人。

从我儿子开始吃辅食开始，我们就准备一张餐椅给他，让他可以坐着和我们一起吃饭。然而孩子吃得少，吃的时间短，吃完了就想下来玩。婆婆对着还不会

老公小时候外出用餐

说话，也不知道听懂多少话的儿子说："你吃完了，但奶奶还在吃，你要等我，我吃完了再一起玩。"

当然，儿子不会立刻买账，但我注意到，婆婆每次就是这样看着孩子眼睛，说一样的话，然后拿一小块东西给他吃，接着继续吃自己的饭，重复很多次，也没有不耐烦。

奇妙的是，才半岁多的儿子，竟然懂了。每次只要听到一样的话，就会安静几分钟，慢慢地，安分的时间越来越长。到现在，只要他不是想睡觉的状态，多半能够开开心心跟我们同桌吃一顿半小时的饭。

以下整理了我婆婆的方式，加上我自己的实际经验，归纳出几个让孩子在公共场合举止得体的好方法。

第一步，事前教育。在出门前就说明清楚，等一下要见到谁，做什么事，以及他应有的行为和态度。当然，也可以包括让孩子期待的事（奖赏）。例如，等一下你和妈妈去买东西，乖乖坐在推车上不吵闹，等买完后，就一起去踢球。

当孩子开始吵闹，出现影响到他人的行为时，绝对要先告诉孩子"不可以"。现在很多的父母，很怕跟孩子说"不可以"，好像说了这句话，就不是明理的爸妈。

我婆婆很强调要理解孩子，但这些话都是在告诉孩子"不可以"之后。因为孩子需要知道，这样的行为必须停止，尤其是让人不悦或危险的动作，更是应该马上制止，例如在马路上或餐厅里奔跑、踢椅子影响到其他人等。

第二步，为什么不可以，把原因讲清楚。"不可以"后面，绝对要接着"为什么"，否则孩子只觉得是"被大人"制止，听话照做而已，却不知道是因为自己的行为影响到其他人。

第三步，同样的话，看着孩子眼睛说三次，给他机会自动停止。

第四步，如果还是不能主动停止，就必须"被停止"。小一些的孩子，只要剥夺了他调皮的乐趣，就很足够。但大一些的孩子，可能就得带离现场沟通。

我婆婆的原则是，绝不在现场让孩子出糗，也绝不用"看看阿姨都在笑你""你真是丢脸"这样的方式，逼孩子就范。因为有些孩子会因为出糗了而大闹，或只是顾及面子，暂且屈服，而不是真的明白应该自律自重、尊重他人。

我们之前去荷兰度假，到了一间咖啡厅，儿子坐在一个木头箱子做成的长凳上。小孩当然都喜欢踢呀踢的，发出声音，但这影响到了其他人，所以我告诉他："不可以踢椅子。旁边还有姐姐和其他人，也坐在同样的椅子上，你踢椅子他们会不舒服，而且很吵。"同样的话，我说了三次，他还是没停止，就被"请"到另一张椅子上去坐。**父母的态度，要冷静又坚定。**

最后一步，不断鼓励。适时提醒他最后的奖赏。如果他现在愿意停止自己的行为，而且不耍脾气，那他还有机会得到今日王牌奖赏，也就是父母之前就答应他，等做完所有事后，会带孩子去做的事。不过父母不要因为一点小事，动不动就把王牌亮出来，孩子听腻了，可能就不当一回事了。

孩子需要自由跑跳的空间

孩子本来就需要奔跑，发泄能量。德国孩子愿意安静一会儿，是因为知道等会儿一定有机会去跑去跳。

但当我们带着一岁儿子回国时，才发现，很多孩子能奔跑的场合，就是那几个仅有的开放空间，例如百货公司、车站、机场、大卖场。孩子看了，当然本能地就想在空旷的场所奔跑。如果我们能有更多让孩子舒展的空间设计，或许孩子就更能在用餐或搭乘大众交通工具时，适时配合，安静一下。

我的德国婆婆认为，孩子如果能学会在公共场合做出合适的行为，未来一辈子受用无穷。因为，那代表孩子懂得聆听与观察、自律自重，甚至尊重他人。能够自我管理的人，走到哪里，都能与人相处愉快，更容易获得尊重。而这也是让孩子迈向独立的基本能力。

第 *4* 部分
挑战自我，为成长而学习

学习，先问好不好玩，不问功利的目的。

作业，先问孩子懂不懂，不问标准答案。

成绩，先问努力过了没，不问分数高低。

兴趣，先问孩子想不想试，不问是否做得到。

期待孩子终能自主思考、主动学习、乐在其中。

15

德国人重不重视学历？

女儿从两年前就宣告自己不念大学，
若她不继续求学，
同样需要找到在这世界上的生存之道。
学历是其中一个重要选项，
但并非对每个孩子都一样。

最近有几篇谈德国教育的文章，都不约而同提到中国"文凭至上"的现象，似乎德国就没有这个问题。而不少真正在德国生活或求学的中国人，觉得这似乎不那么准确。或许，我们可以从不同的角度来看看。

成天玩乐的德国小孩

在中国看到的谈德国教育的文章，都着眼于两个主题：

"幼儿教育"与"职业技术教育"。

　　当我们看到德国的幼儿园里孩子整天玩乐，没有学习的课表，会觉得德国的孩子真幸福。的确，当孩子还在幼儿园或小学的前几年，最重要的工作就是"玩"，没有课后辅导、补习班，也几乎没有考试和作业，许多德国家长甚至连才艺班都没让孩子参加，运动类型的活动则相对吃香。

德国的大学校园

　　国内琳琅满目的儿童潜能开发课程，在德国也不怎么热门。问十位德国父母，会有九位告诉你，孩子需要的就是吃好、睡好和玩乐，对于孩子的未来，他们很少这么早就开始担心。有些德国小区，会提供小宝宝与家长一起参与的"玩玩班"，内容也就是提供一些玩具（不是教具），所有孩子与家长同乐。

这代表德国孩子永远没有考试或压力吗？倒也不是。德国学生大约在四年级，也就是十岁左右，就会依照学生的个性与表现，以及父母的想法与老师的建议，让学生到三种不同的学校就读。

中等教育主要有三种学校可供选择，依次为职业预校（Hauptschule）、实科中学（Realschule）以及文理中学（Gymnasium）。

多元分流的德国中学与职业技术教育

文理中学多半是学业成绩较好，或者想继续往学术领域迈进的学生，若要进入大学（Universität），一定要从文理中学毕业。实科中学则是职业技术与学术并进。结束后可以选择实科的实习工作，或者进入高级职业学校，或者两者并进（白天工作，晚上进修）。职业预校则强调职业训练，主要目的在于培养一技之长。

以中国人的教育经验来看，马上会觉得一个是"好学生"的学校，一个是"中等生"，再一个可能就是"放牛班"，如此区分。然而在德国人的经验里，完全不是如此。

德国人不完全根据学业的表现来选择学校，还要考虑学生的兴趣与个性。例如，我老公在小学的学业表现其实很好，但他喜欢实务操作，不喜欢总是在教室里读书，所以当时他就进入了实科中学。而从实科中学毕业之后也可以转入以各行专业为主的应用技术大学（Fachhochschule）就读，或者继续接受职业训练，算是较具弹性的一种选择。

在实科中学，与我们的一般中学一样，都要学习语言、数学、自然科学、人文科学、体育等科目，等到十六岁的时候，学生可以选择进入职场接受实科训练。那时，就真正在工作中学习了。这个阶段历时大约三年半。

一技之长，比一纸文凭有价值

在德国人的眼中，如果你能有一技之长，不需要是大学毕业，一样能过很好的生活。一样有房子可以住，一样有完整的医疗与社会福利、教育、育儿津贴等，甚至还能够常常旅游，享受生活。德国的物价的确比较高，然而在这边生活会发现，许多德国人过得不能算"富裕"，但相当有"质量"。

在中国，如果子女告诉你："我不想上大学。"父母的反应可能是质疑孩子："那你能做什么？"在德国，面对同样的状况，家长仍会觉得安心，家长关心的是："那你想做些什么？"不管孩子选择什么，也几乎都有相对应的职业训练，可以一边工作，一边学习，既能养活自己，也能真正学到工作所需的技能。

当然，德国教育并非完美，也有许多人质疑，这么早就分不同的中学，而且是老师和家长的建议与意愿，会不会让某些其实很有学术潜力的孩子，没有机会发挥？因此现在也有些邦[1]开始设置"综合中学"，让学生能够接触更多不同角度的教育，再来决定自己要什么。而在某些家庭里，还是有"唯有读书高"这样观念的家长，也有压力很大的学生。

家庭教育，还是关键的一环。

究竟，德国人重不重视学历？

必须很实际地说，在德国，高学历还是吃香的。不论是找工作，或者出任公职，学历都是事业发展的一种保证。之前发生过几次德国政治人物学历造假的丑闻，当事人虽然辞职下台了，然而也留下了一个疑问："学历真的有这么重要吗？"

我的老公现在正在念大学。他过去选择职业技术教育，但几年工作下来，他觉得那样的生活不是他所期望的，所以重回

1　邦，相当于中国的省。

大学读书。他过去的职业技术工作收入，相较于国内算是非常不错，许多中国学生都会投以羡慕的眼光，也会因此做出"德国人不重视学历"这样的草率结论。

这样的收入虽然不错，但如果在德国想要过更好的生活，或有更多升迁空间，继续拿学位，还是必须走的一条路。根据一项2014年的统计，在德国，高学历（大学以上与拿到技师执照者）人士与低学历人士的薪资差距高达74%，比其他工业国家高出了95%。

许多职业技术教育背景的德国年轻人，不甘只领永久固定的薪水，或觉得重复这样的工作，太过无趣。然而若光靠工作年资的累积，在大公司里的升迁难免遇到阻碍。因此职业技术学校毕业的学生，下了班继续进修的人数众多。

而德国政府与工作单位，也多半鼓励在职进修，只要几年时间，拿到了学位或证书，又在原公司表现不错，通常都能升管理职。当然也有人放弃这样的机会，也有些人一直不断学习，就像中国一样，什么样的人都有。

也有如我老公，决定干脆"砍掉重练"，回头读高中最后一年，补完该读的科目，考完高中毕业资格考试（Abitur），接着申请想读的大学。但因为从职业技术高中毕业，所以不是所有大学都能够申请。

不过，这还不是最辛苦的部分。如果想更上一层楼，除了要能入学，还要能毕业。

"入学容易毕业难"的德国高等教育

德国的大学与研究所，是有名的"入学容易毕业难"。每次期末考试，老公用功的程度，就如同我过去准备高考一样，而且是整整一个半月不见天日地读书。稍微放松一点，很可能就过不了关。而三次不过，就直接出局！

现在，他的班上只剩下三分之二的同学，这学期开学，可能又会少十个。在这样的高标准要求之下，能通过考验的，不难想象能在这社会享有较高的地位。但德国人不是每个人都期待自己走这条路，这点，就是与中国不太一样的地方。

所以，如果像某些从外部观察德国教育的朋友所见，"德国没有高学历的人也过得很好"，而得出德国人不重视学历的结论，难免过于片面与武断。

大学生有读不完的书和准备不完的报告

单纯看"职业技术教育"背景的就业者，在德国的确能有不错的收入，也的确是国内职业技术人员很难拥有的梦想待遇。但这并不表示，德国人全都云淡风轻地看待学历。德国就如许多国家一样，学历与收入成正比，与失业可能性成反比，没什么不同。

教育制度，该着眼的是社会的整体

关于教育，我们该看看社会整体，会比较贴近于现实与社会公义。

在这个社会的每一百个人当中，如果只有二十人善于读书或想读书，我们不只该看那二十人的生活，而应该去想想，那其他八十人过着什么样的生活，有什么样的机会？

而那二十人的生活，是否大大优于另外八十人，而造成社会不公？那不想或不善于读书的八十人，是否会"被迫"去取得高学历，而无法在原本擅长的领域发光发热？如果他们不想走读书这条路，生活与收入还能同样得到保障吗？

我们社会制度的设立，是否都是为了保障这二十人，而不是保障所有的人并能给予同样的尊重？我们除了讨论"德国教育"之外，更应该思考的是"中国现实"。

我自身的经历，也算是中国教育定义的胜利组，从北一女中到台湾大学，再进入台大研究所，看来一帆风顺，但后来也选择完全不相关的领域创业，学历证书一次也没用到。

而我的女儿，目前快到十四岁，她从两年前就宣告自己不念大学，虽然未来还未定，但若她选择不继续升学，也同样需要找到在这世界上的生存之道。不只要能生存下去，作为母亲的我，更希望她能实现自己的梦想，拥有精彩人生。

学历，是其中一个重要的选项，但并非对每个孩子都一样。

与其羡慕别人，不如做好家庭教育

没有一个国家的社会与教育制度是完美的，都有令人羡慕之处，也有被骂到臭的地方。很多国内的朋友羡慕我们能让孩子接受德国的教育。然而，过去在国内接受的教育，也给予了我这个在异地生养孩子的母亲许多珍贵的养分。

无论在哪儿生活，孩子最重要的学习场所就在家庭里。身为一个母亲，我期望自己，能用心去观察适合孩子的教育模式。不用同一套思维去要求每一个孩子。给予他们勇气，帮助他们独立面对未来的生活。

趁现在的每一天，努力教育孩子们在多方面为自己做好准备，给他们更多带得走的能力。

16

学这些有什么用？

与生活结合的
德式教育
从独立完成一项设计，
到理解可以如何运用到生活中，
让孩子不再觉得"我学这些有什么用"，
更有动力积极学习。

　　最近看到一篇颇有意思的教育报导，谈到芬兰教育改革后的跨科目"主题式教学"，我觉得与女儿在德国的学校正在实施的"设计课程"的理念与方式有些类似，或许可以提供给中国的家长与老师不一样的思路。

传统的教育中，各学科是分开授课的，学生自己在各学科之间触类旁通。而芬兰近来的教育改革"主题式教学"，让某些学科合并学习，学生不只是分开学习"语言"或"人文"，而是能够"使用语言"来思索"人文议题"。

女儿学校的"设计课程"，每个学期都有一门学科是要独立完成一项"设计"。上个学期是"食物设计课"（Food Design），其实就是烹饪课，这个学期则是"机器人设计课"（Robotics）。

设计式教学，帮助学生活用所学知识

为什么不称"烹饪课"（Cooking Class），而是"食物设计课"？

课程的教学理念认为，生活中大大小小的事务，都像是独立完成一项设计。小到做一道菜，大到经营一家公司，甚至一个国家，都是先从设计理念和蓝图开始，规划步骤、实际操练、排除障碍，最后将任务完成。

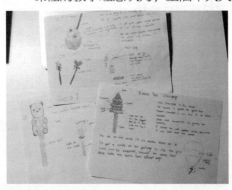
女儿的设计课作业

过程中牵涉到许

多理论与知识，例如要让机器人动起来，需要先了解很多的科学理论与知识，也会讨论实际执行可能遇到的困难。让学生自然而然在"想让机器人动起来"的具体目标下，开始动脑思考，自己需要什么资源、如何规划与实施。

我曾经在一本书上读到，"料理"其实与"科学实验"所需的技巧与精神十分类似。同样需要思考今天要做什么菜，接着需要什么材料和器材，用什么方法与步骤或技巧，接着按照步骤完成。

食物设计课的老师虽然一样会说："下周要做杯子蛋糕。"但不是为了要孩子做出一个蛋糕带回家给妈妈吃。他们在第一堂课，就已经认真仔细介绍过烹饪教室的器材与环境；第二堂课，学生就讨论，什么行为在烹饪教室里是安全或危险的，以及教学生如何看懂食品标示。

接着，才进入到怎么做杯子蛋糕，需要什么材料？这些食材里，有什么营养成分或功能？对身体有什么好处或坏处？如果你想减肥，该怎么吃？学生学到的不只是做菜，还包含了营养学和生活技能。内容深入，许多知识连我这个做妈妈的都不知道。

什么都能成为报告主题

女儿学校的人文课，有一学期讨论的主题是"古文明"。然而他们的方式不是背诵有哪些古文明、发展历史等，而是先从简单的地理介绍开始，接着讨论"为什么要研究古文明"，以及一些考古学的方法。

等进入谈论各文明细节的课程，就由学生自己挑选有兴趣的古文明来做报告。有的孩子们喜欢罗马士兵和角斗士的故事，有的爱埃及文化的神秘色彩，有些想知道外星人是否存在，什么主题都可以做成报告。在他们的报告中，孩子也可以听到彼此喜欢或害怕的故事。听着女儿分享，我也觉得很有趣。

过去义务教育的学习方式，是分门别类，各科老师教授一个学科，越深入、越完整越好。然而学了这么多，我们实际能在生活上运用的有多少？而这些实验性的教育方式，都是希望学生能将所学运用到生活之中或他们有兴趣的领域里。

如此一来，孩子们不再觉得"我学这些有什么用"，而是更有动力积极学习。

跨领域的自主学习能力，让孩子可以面对变化多端的社会。现在的"新兴行业"，到未来某个时候，可能已经是"夕阳产业"。我出生在没有网络的时代，而女儿所认识的生活面貌，都由网络组成。过去的我，无法想象会有这样的一天，她也同样无法想象，过去没有网络的时候，要怎么听音乐、看电影、做功课、查数据。

过去在一个领域中钻研到老，或许没有太大风险，然而现在的社会，学生们需要学习如何应用旧知识来自主学习学校没教的新知识。

对下一代来说，"怎么学"比"学什么"来得重要。

给孩子独立面对未来的真实能力

在养儿育女的过程中，我很少去想自己过去是怎么被教育的，那多是陈年旧事，当初用的方法，现在可能也派不上用场。

当我听到有人说："我们过去不也是这样长大的吗？"我就替孩子感到难过。**教育孩子，不在于用我们过去熟悉或固有的方式限制他们，而在于帮助他们如何驾驭自我，最后让他们可以驾驭未来。**

当孩子问我："学这些有什么用？"或许我该做的，不是说服他们用过去的经验背诵和学习，而是停下来思考，如何协助孩子怎么学、怎么用？过去教孩子的方法，不一定适合现在的孩子；正如孩子未来的世界，我们现在甚至根本无法想象。

每一天的教养，都为了孩子独立那天做准备

17

从成绩单学到的事：学习可以不完美，但可以很快乐

如果该做的都做了，

孩子成绩还是不理想，

我会给女儿一个拥抱。

为什么？因为最难过的不会是我，

而是女儿。

成绩单的结果，

不该影响爸妈对待孩子的态度。

女儿这学期成绩都很好，应该说是最好的一个学期，但唯有一科，她觉得拿到的成绩与她预期的有一些差距。

她觉得自己做好了所有老师课堂上的要求，也有几次的表现得到老师嘉许，特别拿出来当成观摩范例，她认为这科目应该可以拿高分。但今天成绩出炉，有点出乎她的意料，也出乎我的意料。

我没有问，反而是女儿先大叫："为什么？"

我们家这样看孩子的成绩单

在此先解释一下，我们家看孩子成绩单的方式，可能与很多家庭不一样。不少爸妈看成绩单，会带着"来看看孩子表现如何"的心情，孩子则会等着被奖赏、被念或被骂，类似工作"年度评估"的概念。

而在我们家，由于每天都会聊女儿在学校发生的事，所以对于她大概会拿什么成绩，我们都一清二楚。看成绩单，比较是像"看过原著小说，再去看电影版"的心情。

女儿已经七年级了，我不会针对任何成绩而给出奖惩。她在学校成绩好与不好，与我对她的态度一点关系都没有，因为那是她自己该负责的事。但这也是因为在之前，我们一起做足了"态度"这堂课的功课。

上课不认真、没写功课，在我们家比考试成绩不好还要严重。如果都做到了，成绩还是不好，再试试看有没有其他的方法改善。作为妈妈的我没有不良情绪，也不会惩罚。

　　这就像在工作上，员工有时也会有整体表现不佳的时候。但如果我信任的员工已经认真工作，能够调整的都做了，确定不是因为办事不力而造成的结果，那我这个当老板的还骂人或扣奖金，不就太不讲理也太不体贴了？

　　就像这种时候，反而在知道女儿成绩不好后，我会给女儿一个拥抱，再一起去吃大餐。

　　为什么？因为最难过的不会是我，而是女儿。

学习，不是为了给爸妈一张完美的成绩单

用这样的态度执行下来，女儿反而不再懒散，也不需要三催四请。

她科科自我要求，考试自己准备。我的角色，变成"好点子提供者"，女儿会与我讨论报告的主题，哪个比较有趣和新鲜，但细节都由她自己完成。

在这个没有妈妈"盯"功课的学期，她十科中有七科，都接近满分，反而是来德国后成绩最好的一个学期。老师都给了她很好的评价，这个评价不是分数，而是态度。所以在妈妈心中，这学期"欧耶"！

这一科成绩不如预期是事实，但知道"为什么"，才是最重要的。

首先，我们讨论了可能的原因，女儿完全没有头绪。接着，她说了一句让我很骄傲的话："我明天上课会去问老师为什么。"

为什么觉得骄傲？因为，她"真的"想知道为什么。她不是因为怕我生气，也不是因为自己生气，而是单纯觉得自己努力过了，想明白结果为什么不如预期。她不再像过去是个被动的接受者，而是主动的学习者。

态度，永远比成绩重要

爸妈怎么看成绩单，等于间接告诉孩子，他应该是等着被评估，还是为了自己而努力。

我常告诉女儿："你做的每一件事上，都有着你的签名。"意思是，**你在所有的事上，表现出来的是"你"这个人的性格、原则、个性、价值观。所以，请为这些而努力。至于结果，我们不能完全掌控，知道接下来怎么调整，才是重点。**

不要等成绩出来了，才骂孩子。每天，我们都应该知道孩子是否已经尽力。这是父母亲的责任。

不要用奖励让孩子去学习。学习，是孩子的天性。和他们一起持续学习，比要求他们去念书，来得更有说服力。

更不要用惩罚去逼孩子读书。 这只会浇熄他们学习的热情，就像我们不喜欢因为没达到业绩而失去奖金一样。

态度永远比成绩重要。从我们怎么看成绩单这件事，可以让孩子懂得这个道理。

女儿还是不喜欢化学方程式，但她仍旧喜欢上课、喜欢学习。学习，可以不完美，但是可以很快乐。

18

从做作业学到的事：孩子懂了没，比标准答案重要

光是一个变项的定义，
作业有整整四大页！
课本上找不到答案吗？
老师没教怎么写吗？
德国学校的作业，
真的和国内非常不一样。

很多小朋友讨厌上学的原因，就是回家得写很多作业。相信许多人小时候都有过巴不得老师得了失忆症，今天忘了布置作业的心理吧！

记得女儿上小学的第一天，看着她用心描着汉字的笔画，和认真掰指头、算算数，觉得孩子真是长大了。然而当每一学期，要描、要抄的汉字越来越多，要写的数学习题多到就连我这个大人也写不完，加上科科都要背，我开始觉得，怎么学校教育二十几年来都没什么改变？

老师没教学生怎么做作业？

女儿初到德国时，其实我比她还紧张。我是在中国台湾土生土长的孩子，不知道德国教育是怎么回事。直到女儿入学，我才发现这里的作业，真的和我们那里非常不一样。

第一个星期，女儿和我压力都好大。

我已经习惯从课本找正确答案，来完成作业。连写作文，都要猜怎样写，才会对老师胃口。但不管我怎么问女儿，她都说不出来"正确答案"到底在哪里。我觉得老师一定有写在哪个地方，告诉学生"应该"怎么写。但女儿坚持老师没有说，就让他们自己想、自己写。

例如自然课，老师让学生设计一个实验，然后从设计实验的过程中，去得出什么叫作"变项"，以及各种变项的定义。

我以前也学过这个单元，我们就是背各种变项的定义，然后举例子，背完了几个例子，之后就懂了。我自然而然地认为，教科书里应该有讲到这些定义与例子，但是没有！加上一开始，女儿的语言能力还无法完全理解老师对作业的要求，为此我真的苦恼极了。

不期待标准答案的德国教育

布置作业的老师，希望学生能用直觉的想法，回答一个个引导的问题，然后自己慢慢了解与导出名词的定义。

光是一个变项的定义，作业有整整四大页！每个学生写出来的内容可能天南地北，完全不一样，但也没有谁对谁错，总之就是没有标准答案。

我一开始脑袋真的卡住了。因为语言关系，我需要协助女儿做作业，但是我的脑子里往往很快就得出答案，而非过程，这样根本回答不出来老师引导的诸多问题。

后来我想，这些问题其实很简单，如果我把自己当作小学生，其实都回答得出来，二十分钟完全可以写完。难道老师真要他们这样写？

脑子里虽然有许多疑问，但我想，就试试看吧！就任由女儿这样"不负责任"、天马行空地回答了所有题目。

隔天我问女儿，老师有说作业怎么样吗？她说很好啊，没特别讨论答案是否正确。因为每个人写的都不同，在课堂上只是讨论大家思考的脉络。

突然之间，我懂了。

过去接受的教育告诉我，每个问题都有一个答案，每个学生写的都一样，老师才能从作业里打出一个公平公正的成绩。然而在德国，这样的方式不管用，老师要的是学生思考的过程。老师打分，不全然依据学生是否有获得知识，还看他们是如何获得的。

考卷没写完，也能拿高分？

在一次数学考试里，女儿因为语言关系，几乎有一半题目都看不懂、没有写，但她拿到了很高的分数。

老师的评语是，她从女儿写的内容里，看得出来女儿是懂的，只是因为语言能力不足，所以没办法回答所有问题。老师写道："这份考卷无法完全反映你的能力。"然后给了女儿高分，但建议她以后上课都带着字典或翻译机。

以前女儿常因粗心失分，明明算式和思考过程都对，但最后写答案时，抄错了数字，拿不到分数。然而在德国，老师不会扣掉全部分数，甚至只会扣一点，因为老师知道，女儿的确理解怎么计算。

经过了一个学期，我从每天很担心女儿作业有没有"写对"，到后来完全有信心，知道女儿一定会，我只需要协助她厘清一些语言上的误解。女儿也从之前的擦擦写写、不知道该怎么办，到后来自信大方地写下自己的想法，很快就能独立完成每天的作业。

我们究竟希望孩子从"做作业"中学到什么？

之前看到好友在脸书上分享儿子的作文，题目是"我"。

小孩先提到自己喜欢的事情，几句之后就写到，其实他根本没时间做自己想做的事，因为都在忙着写作业。又看到一个朋友写着，托管班没有做到该做的事情，因为孩子的作业还是有很多错误。这些都让我思考，写作业的目的到底是什么？

背许多名词解释，而且一个字都不能错，一遍又一遍抄写重复的内容，背诵唯一的正确答案……如果让孩子学到的大多是对学习的厌烦，那倒不如干脆不要写这么多作业，让孩子去做喜欢的事。

是不是我们打从心底不能相信孩子，其实从做喜欢的事里，也能学到许多？

这些问题，我也没有标准答案，却从我的教育实操里，渐渐发现了不同的契机。

19

如果不行，就别试了？

女儿所在的篮球队的灵魂人物米娜，

个头超"迷你"，

但她妈妈从未说过

"你太矮了，打篮球会吃亏"，

反而全家总动员，为她打气。

这也教会我，

请给孩子勇于尝试的勇气。

女儿从小就热爱也擅长运动，四年级之后，加入了学校的田径校队，五年级也开始代表学校比赛。但来到德国后，女儿要适应新环境，认为要先把语言学好，巩固学业，所以一开始对于参加课后运动缺乏兴趣。

但就在德国学校入学一个月后，我收到了老师的电邮。她向我简单说明女儿在新学校的适应情形，听起来一切都好。而在信末，她提到，今天在学校有向女儿建议，可以考虑参加篮球校队。

是因为女儿的运动天分被老师发掘了吗？倒不是。而是老师认为，参与课后运动对孩子很重要。这会让她更快融入新环境，也能练习语言、交新朋友。当然，对孩子的健康与发育也很有帮助。

女儿虽然因为自己的语言能力和篮球实力不足，担心做不到，而感到为难。但因为老师与我的鼓励，她勉为其难地答应，隔天会去篮球场看看大家练习的状况。

热情参与，比成绩更重要

参加了课后篮球活动后，女儿惊讶地发现，这跟她过去参加的"校队"完全不一样！

过去参加校队，是"为校争光"。为了赢得好成绩，教练会选出全校最优秀的精英选手，在比赛前魔鬼训练，组队比赛。运动不在行的同学，就算再有兴趣，也与校队无缘，甚至自己就没有意愿参与。

而在德国的学校，当然也有体育特别在行的孩子，但在学校的校队里，全部都是"喜欢这项运动"的同学，而不是被教练"挑选出来"的选手。

　　女儿发现，德国的校队比较像"同好会"，而不是"精英营"，大家兴高采烈地参与自己喜欢的运动，不只是为了比赛而不断练习。她喜欢这种氛围，因此，她决定参加。

　　女儿从连篮球规则都搞不清楚、NBA也没看过半场的初学者，到后来随队参加每场比赛，热爱并熟悉篮球运动。也如老师所言，女儿因为参加篮球队，交到了很多好朋友，也很快就融入了新环境。

女儿所在的足球队得了铜牌

队里有个让我印象深刻的小女孩米娜，个头超级小，大概只有一百三十公分，身高只到女儿的胸口，不管你怎么看，都不觉得这个小女孩会在篮球场上出现。有一次，我在球场边遇到米娜开朗又热情的妈妈，她说："米娜从小就爱篮球！真希望这个球队能够顺利组成。现在还缺几个人，所以她姐姐决定找同学一起参加！"

这位妈妈从来没有告诉米娜"你太矮了，打篮球会吃亏"，反而全家总动员，为她打气。这个家庭为了米娜的"兴趣"所投入的热情，让我感动。

米娜的篮球技术不是太好，抢篮板球也跳不过其他人，但每次只要队友拿到球，她总是说："这边、这边！"想尽办法要碰到球。队友也很够意思，只要有机会，就会传球给米娜。她在场中总是最拼的一个，在场下也总是最大声加油的。几个月后，她的技巧愈来愈纯熟，也成了队里的灵魂人物。

女儿所在的篮球队得了金牌

夏天开始，又有同学邀女儿去参加足球校队。这一回，她也抱着试试看的心态，去"玩"一个从来没有碰过的运动项目。

从一开始都不知道脚怎样才能踢到球，到

担任校队的守门员，女儿不只学习了一项新的运动，个性也变得更成熟主动，甚至面对守球门的极大压力，她仍能享受这项运动。

除非受伤，否则教练一定让每个孩子都有上场机会。对他们来说，参与的过程比比赛结果来得重要。你不需要是最强的，但是你的兴趣、运动精神，与团队合作，才是教练在意的。

我看着一些队员也像女儿一样，完全没碰过那项运动，到几个月后，已经可以上场比赛，甚至表现出色。满腔热血，真的有很大的力量。

别总想着结果，单纯体会学习的乐趣

这两种截然不同的校队经历，让我问自己，一定要孩子擅长某件事、一定要拼出成绩，才让他们去尝试吗？如果我们认定孩子做某件事不会有结果，是不是就要他别试（傻）了？

我过去受到的教育，就是"如果不会有结果，就别试了"，例如，孩子喜欢唱歌，但五音不全？那就别试了。喜欢画画，但当不成画家？那就别浪费时间了。想学钢琴？如果要升学，学到初二就好了，反正不会当钢琴家。

我们不鼓励孩子去尝试看似"没有结果"的事，而结果就是，大多数的我们长大成人后，就算有很多曾经好想尝试的事，却一辈子都没做过。

即使我们都听过，原本没有天分的孩子，因为兴趣而磨成专家的成功例子，但我们似乎从来就不相信自己或我们的孩子，会是其中的一个。父母怕孩子失败，怕到连他们都还没尝试之前，就觉得成功不会属于他们。

我厌恶自己偶尔也会这样想，因为我知道，这无形中扼杀了许多可能性。我自己投入运动的经验，就是一个例子。

我曾自动远离运动好长一段时间，只因为我觉得自己是运动白痴，体育课就该躲在大树底下。一直到三十多岁，我才开始健身、学拳击，也才发现自己好喜欢运动。不为了拿奖牌，也不为了什么目标，而是单纯觉得运动让我健康又快乐。

我有时想，如果我不因为"不在行"就不去尝试运动，或许我的童年不会如此体弱多病、过敏缠身。运动如此，数学也是如此，做菜也是如此，许多事情，都是因为我们脑中不知何时被植入了"你不在行"的魔咒，自动放弃了学习与尝试。

现在，每次女儿问我要不要做某件事时，我会用力提醒自己，不要觉得不会有什么结果，就建议女儿不去做。我该做的角色是，鼓励我的孩子们，在安全的范围内，尽量尝试他们想做的事。

孩子能否成为体育选手？医生？科学家？画家？舞蹈家？其实，人生不需要成为这些才能幸福，而是觉得自己能够做喜欢的事，乐在其中，这才是孩子的真幸福。

20

孩子十岁之后，我就没再看过功课

每天记得要写、亲手完成、忠于自己。
婆婆重视孩子写作业的态度，
胜过作业的成绩与正确度。
正因为如此，
她可以在孩子十岁之后，完全放手。

老公在台湾的那一年，最让他惊讶的，就是中国人的苦拼精神。不只工作常常超过十小时，连孩子都在学校待超过八个钟头，甚至下了课还要补习，而不只是上课时数多，连功课量都令他瞠目结舌。对他这个土生土长的德国人来说，简直不可思议。

德国父母怎么看作业？

老公觉得最有趣的是，连爸妈都有"回家功课"，也就是联系簿。每天我都得检查女儿的作业并签名，订正作业与考卷。对德国孩子和家长来说，这么做真的是太操劳了！但难道，德国的父母就不用陪孩子写作业吗？

我请教了婆婆，过去如何陪孩子写作业。她说，德国孩子在学龄前是没有任何作业的，连拿笔都不教，"123"与"ABC"都是上小学之后才学。

上小学后，基本上可以分成三个阶段：第一年，陪写阶段，培养习惯。十岁之前，确认完成阶段，学习负责。十岁之后，放手阶段，跟孩子的功课说拜拜。

首先是第一年，陪写阶段，培养习惯。因为刚开始脱离鬼画符阶段，学拿笔和在格子里写字，所以婆婆会在餐桌旁与孩子一起坐下来，看着陪着孩子完成。一天大约花半小时，就可以把功课做完。

十岁之前，确认完成阶段，学习负责。从孩子可以独自做完作业之后，婆婆就不会坐下来陪写了，顶多在旁边煮饭、烘焙、清洁、看书，最后稍微看一下是否做完、有没有疑问。一天大约花一个小时就结束了。

这段时间最重要的，是培养完成作业的态度。"做完作业才能去玩"当然是基本的，但如果草率做完也不行。婆婆会稍微看一下孩子的观点是否正确，确定孩子是否都没有疑问了，但不会逐条检查。

德国小学一般不会把回家作业的"正确度"列入评分，所以是不是全对，并不重要，但没写作业可不行。几次没写作业，老师可是会通知家长来校谈话。

"诚实"与"忠于自己"，比完美成绩更重要

我问老公："你们难道不会跟妈妈说'没作业'，就跑去玩吗？"

老公用讶异的眼神看着我："妈妈没那么好骗吧？而且干嘛这样说？'说谎'的后果，比'没写作业'还要严重很多耶！"

的确如此，在德国婆婆的家庭教育中，如果孩子说谎，处罚是非常严厉的，绝对被禁足好几天。考试作弊更惨，绝对零分。在德国的文化中，作弊或说谎被抓包，比成绩不好还要丢脸。老公觉得冒着作弊风险，只为了让成绩好看一点，也未免太傻。

有一次，女儿只是想对一下自己的作业是否正确，问同学能否在作业交出去之前，借她对一下答案。这在国内稀松平常的"帮个小忙"，德国同学却语带严肃地回答："我的作业是我自己写的，你也应该写你自己的，交出去的就该是'你写的'才对。"拒绝给女儿看她的作业。

一个五年级的学生，把自己完成的成果看得比满分还要重要，这点让我一直谨记在心。**我们若重视成绩多过于态度，孩子自然也学到求快求胜的功利态度，而忽视了"亲手完成、忠于自己"的价值。**

也是因为这个关键原因，婆婆可以在第三阶段，孩子十岁之后，完全放手。

每一天的教养，都为了孩子独立那天做准备

十岁之后，放手阶段，跟孩子的功课说拜拜

婆婆说："孩子十岁之后，我就再也没看过他们的功课。"

在德国的教育系统里，十岁的孩子，就会分入三种不同的学校，继续学习。婆婆到了这阶段，就再也没有盯过孩子功课。她仍旧会问："今天有作业吗？"但如果孩子没有主动来问她问题，她是不会去确认的。

我看待女儿作业的态度，也是如此。当然要放手之前，我必须确知她不会不写作业，这也是我们家关于课业最大的天条之一，绝不可犯。至于作业内容是否正确，这应该是女儿与老师之间的事。

德国老师也很少因为作业出错而责怪学生，反而会从作业中知道，自己的教学有哪些部分，需要对学生再做一次解释。女儿和同学也会主动在课堂一开始，先针对昨天作业不懂的地方发问，因为他们很认真地写了，很想知道自己这么解答好不好。

有没有不写作业的学生？当然有。不写作业的学生，就算考试成绩很好，老师还是会因为这点扣分。女儿学校的评分标准中，有一个项目就是"学习态度"，写作业的态度正是其中之一。

听到婆婆这样说，原本就决定采取"你的作业，自己负责"方针的我，更放心大胆这样做了。

从德国学校与家长对于作业的态度，我发现他们虽然作业量不多，但对于作业的重视程度，不比国内少。再者，老师并不是只看作业写得正不正确，也看孩子们如何写完作业。

当孩子将态度这堂课学好后，学习更愉快顺手，父母自然少操心。

第 5 部分
让孩子对自己负责

打点自己的生活、知道自己要的是什么、
做好该做的事、搞砸得负起责任……
这些观念，
不是孩子从满十八岁那天起，或是成家后，
才突然懂的，而是从小就这样被教育着。

 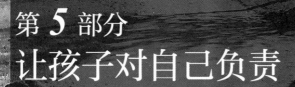

21

不开口，教孩子自立与负责："陪伴"比"教"更有力量

在教育孩子上，
婆婆总是不吝分享许多经验，
然而，我如果不问，她也不会开口。
这些日子下来，我发现，
原来"不开口"，也是一种教育的智慧。

还记得我第二次到德国，见当时还是男友的老公，心里对于这个新家庭，还存有许多莫名恐惧。

当时，老公才认识我不到一年的时间，却已向家人提出，希望到中国的台湾与我一起生活的想法。而我与老公相差十四岁，又生活在一个他们完全不了解的亚洲地区，加上又有一个

女儿，我自己就有满满的内心戏，不知道他的家人会怎么看待我们的关系。

不开口，是因为对孩子有信心

有一次与婆婆单独喝咖啡。当时还不知道眼前这个女人是否会成为我未来的婆婆，但我已经忐忑到手心冒汗。

我终于鼓起勇气，问她："你赞成我们交往吗？"

她微笑看着我说："为什么不？"

我讲了很多脑子里揣测一般母亲会有的想法，甚至告诉她："如果是我女儿，我可能会请她考虑一下。"

她笑着说："我儿子已经成年了，他做的任何决定，我都会尊重，也会支持。我是妈妈，当然有无止境的担忧。但是我对我的儿子很有信心，我信任他的决定，而且他一定也准备好了负起责任。"

我的婆婆，不是因为觉得"说了也没用"而不开口，也不是因为怕儿子生气而不表达意见，而是在教育的过程中，她早已教导孩子自己做决定、负责任。所以当孩子成年后，她无须担负把关者的角色，反而能够信任孩子的决定，真诚给予祝福。

后来，我将这件事告诉老公，也把我觉得"他家人一定不会认同"的想法跟他说。他同样告诉我："我的家人虽然担心我搬到遥远的中国，但从来没有对我们的关系有任何意见。我已经成年，他们都懂得尊重与祝福。"

后来我才知道，婆婆知道我们交往后，默默做了许多关于台湾的功课，连两岸关系都有研究，知道台湾的特产是茶叶和水果。一旦孩子做出决定，婆婆的关心，就不会一直用"开口给意见"来表达，而是陪伴孩子、支持孩子，且乐于参与其中。

默默观察，与孩子零压力相伴

这一点，也能在婆婆与孙子们的互动里看出来。

我女儿并不是与婆婆有血缘关系的祖孙，但婆婆的关心从没少过。那样的关心并不是像许多长辈那样，见到晚辈就频频问："学校如何？功课如何？交男朋友了没？"婆婆总是先默默观察，从不贸然提问或给建议。

她才见过我的女儿几次，之后每次来访，女儿桌上都会多出一些让人会心一笑的小礼物，例如手机图案的巧克力，或者无厘头的丑娃娃抱枕。这些小地方的用心，马上收买了孙女的心。

和很多爷爷奶奶带小孙子们的方式很不一样，婆婆总是"下海"跟着他们玩！她带孙子去游乐场玩，不是坐在旁边纳凉休息，或"声控"孩子不要乱跑，总是听到她和孩子们一起"嗨"到不行的玩闹声。

老公觉得，可能我们儿子完全不知道"OMA"（德文的奶奶）就是爸爸的妈妈，但他已经觉得这个人是"我最好的朋友"，所以只要看到OMA，儿子就超级兴奋。在写这些文字的此刻，我们一家人正在葡萄牙旅行，儿子一听到明天OMA就要加入我们，就满心期待。

能有一个这么有活力的婆婆，我们都觉得感激。而这种陪伴却不指导的关系，也让孩子与她的距离非常靠近，甚至包括身为媳妇的我，都觉得与她相处零压力。

先连结，再引导；先陪伴，再指导

我们总想"教"孩子什么，却常忘了要"先连结，后引导"。花很多时间对孩子做指导，却没有关注孩子对什么最感兴趣。

就像收音机的天线，没有对准频道，就无法接收信号，大人的陪伴与观察，能让孩子的频道与我们对准。当大人真的想说什么话的时候，孩子不会转头就走、甩门离去，反而因为频道对了，让孩子更容易将大人的引导，视为善意的建议。

女儿刚来德国时，语言不通，连上课内容都听不懂。头几个月，我连想帮她复习功课都很难，因为女儿回家连功课是什么都不知道！她学校的功课和考试的方式都与国内不同，完全需要自己融会贯通，没有标准答案。我就算再努力研究上课内容，也帮不上多少忙。

然而，第一次的家长会，德国老师的话让我宽了心。"她有无穷的潜力，可以自己理出头绪。"许多老师们都异口同声这样说。

我突然发现，"虎妈"精神在这边实在无用武之地。我反倒要在孩子求助之前，学习不开口、不插手，让她解决自己的人生课题。

这样过了一年，我发现女儿变得不一样了！从"我不知道啊""你跟我说吧"，变成了"我再去问问看"、"我写了一部分，有些我需要你的帮忙"。她也变得更有自信，相信自己能够克服难题。

我们相信你

我们是否能无条件地信赖孩子，相信就算我们什么都不说，只是静静陪伴，孩子也有无穷的潜力，一定可以做到？

如果我们总先急着给出判断与意见，为孩子担起了他们该扛的责任，孩子不管多大，都不会独立。

我们要做的，就是当孩子最坚实的亲密靠山，该学的、该调整的，让孩子自己承担；当孩子需要帮助或寻求支持时，让他们永远知道："我们相信你。"

22

总教练给孩子的一堂责任课

篮球校队要出国到丹麦比赛，

出发前，

女儿才发现最重要的护照没带！

总教练直接告诉女儿：

"很抱歉！没带护照，就是不能去。"

"如果你要帮孩子送他忘了带的午餐、课本、功课、物品，
请你停下来，转身并离开这栋大楼。

你的孩子将在没有你的状态下，学习'解决问题'的能力。"

自从美国阿肯色州一所男子中学在校门口贴出以上告示，
并在学校的脸书上分享后，旋即在父母与教育圈疯狂转发。

"妈宝"与"直升机父母",并非亚洲特有物种。这时代的许多孩子,普遍在被保护过度的环境之中长大。

课本或作业没带?拿起手机发个信息给父母,还指定送达时间地点。这不是特例,过去女儿在国内读小学时,我也接过几次电话。当我因为在工作中而拒绝女儿时,内心甚至有一丝愧疚。

"妈,你怎么没提醒我?"

有几次,女儿忘了带东西而被处罚,回家后对我说:"妈,你怎么没提醒我?"我嘴上当然说"这是你自己要记得的事",但也犹豫,是否该让她就这样被处罚?

前阵子,一个台湾朋友告诉我,她五年级的儿子几次忘了带上课要用的东西,老师便写在联系簿上,请家长多多提醒和注意。她同样内心纠结,究竟"记得带妥物品",是谁的责任?我们很认真地当爸妈,但这样的认真态度,是不是也让孩子少了为自己负责的机会?

搬到德国后,女儿开学第一天,校长就在家长、老师面前,直接告诉全体学生:"在这学校所有的活动与课业,都是你们自己的责任,不是其他人的。我也相信,你们能够负责任地把自己在校的一切照顾好。"

之后，女儿就开始了没有联系簿的学校生活。

德国对于中学生的期待，就是自己要求自己。若没有特殊必要，每个学期两次的师生会谈，就是家长与老师仅有的互动时间。中国的家长也许会觉得这样的家校关系很疏离，但过了第一个月，我却发现女儿不再说"怎么没提醒我"了。

忘了带护照！

但女儿一开始，还是忘性很重。

有一回，她参加的篮球校队，要出国到丹麦比赛，人高马大的她是队上主将，非常期待比赛。出发前，教练给了他们一张携带物品清单，我只在前一天晚上，问她东西都带齐了吗？就去睡觉了。

隔天女儿到校后竟然发现，最重要的护照没带！

她急忙打电话给我，想解决这个问题，我问："可以请教练等我半小时吗？我立刻送到。"然而，总教练直接告诉她："很抱歉！你没带护照，就是不能去。下次请记得。"

我虽然心疼，但理智上还是知道，要支持总教练的决定。因为错在女儿，不在总教练。尤其球赛还关系到年度积分结果，总教练甚至还要承担做下决定之后，可能输球的结果，但他仍坚持原则，我知道对大人来说也很不容易。

当然，现场的大家还是希望有挽救机会。能不能等我赶紧送去？是不是真的一定要护照才行（因为是在欧盟境内）？孩子们想了很多可能性，希望说服教练让女儿能够随队同行。但教练还是说："你忘了带护照，就是没办法。"

最后，当女儿确定自己无法随队参赛时，她再次打电话给我，告知这个结果。接着问："妈，我今天可以请假吗？"

听着她努力忍住不哭出来的声音，我知道一向笑口常开、云淡风轻的女儿，真的因为这场震撼教育，受到不小打击。自己没带东西事小，但因此影响了球队，对重视朋友和团队荣誉的女儿来说，实在难受。

我停顿了0.0001秒，缓缓对她说："回家吧。"

我们家孩子是不随便请假的，女儿也清楚。特别是到了德国之后，连"睡晚了，妈咪开车送去学校"的一点小小例外也没有，学校生活由她完全自理。

然而在那挣扎的0.0001秒里，我想象电话那头女儿忍住不哭的神情，想着，如果是我，这时最需要的是什么？

女儿一进门，我给了她一个很大的拥抱，看到她眼眶是红的，我问："你哭了吗？"女儿点点头，她哭着一路跑到车站。弟弟看到姐姐，开心地爬过去，张开双臂要姐姐抱抱，女儿马上破涕为笑。

她说："妈，我真的该改改我的两分钟记性！"

那天，我们就像寻常的假日一样，带弟弟出门，一起煮饭用餐。女儿看来一派轻松，但在比赛的整整两天，她随时关注球队的状况，晚上还跟队友通话，而且球队还真的输球了……

结果教育法，教给孩子难忘的一课

女儿对输球感到自责，也很伤心没能和队友同游丹麦，但她这次没再怪妈妈怎么没提醒她，也没有怪天怪地就是不怪自己，而是真正开始自我反省。

我也从女儿学校老师身上学到，他们认为学校教育的对象是孩子，而不是家长，所以他们把时间和精力花在让孩子学习上，而不会花许多时间与家长沟通。

试想，若总教练第一时间要求我送护照过去，也等于间接告诉孩子，"妈妈应该帮你擦屁股"。但总教练完全没怪罪我这个母亲失职，反而让孩子看到自己的疏失，甚至重视教育多过于求胜。

几周前，女儿又有机会到荷兰比赛，这次，她没忘了带上护照。

不只她带上了护照，全队前一晚都在群组里，彼此提醒要带妥东西。这是总教练的一次狠心，让所有孩子学到的一课。

23

教孩子"背上要长眼睛"：不只享受，还要善后

女儿与我一起做完蛋糕，

我照例又是收盘子叉子，又是清理厨房。

老公到我旁边说：

"我觉得这不是你们一起做蛋糕，

而是她在享受，你在善后。"

女儿喜欢做蛋糕，过去我工作再忙，周末总想和她一起同乐。四五岁大时，每次一起烘焙，她只负责两件事：搅拌、吃！常常把蛋糕放进去烤之后，女儿就一溜烟跑去看动画片，留下我收拾残局。

因为女儿不需要收拾，也就不会去注意搅拌力道，拿个东西也是动作大刺刺。我太过于沉浸在亲子同乐的气氛中，也不以为意。直到老公第一次看我们做蛋糕，他忍不住说话了。

我们开心地吃完之后，我照例又是收盘子叉子，又是清理厨房。老公到我旁边搭着我肩膀，轻声说："我觉得这不是你们一起做蛋糕，而是她在享受，你在善后。"

听起来，好像有点道理，但我不知道自己哪里做错了。

我停下手边的清洁工作，转头看着他："难道你们家做蛋糕的时候，不是这样吗？"他吃着好吃的蛋糕，笑笑说："我多希望有你这样的妈妈，但我妈可不能接受我们就这样溜走。"

别觉得"只是个孩子"，就不需要善后

原来，老公他们家里虽然有洗碗机，但每个人都得把自己的碗盘餐具，放在固定的台面上，清干净桌面，才能下桌，他从懂事以来，就是这么做的。如果孩子煮饭（在他们家是每周至少一次的事），当然一定要清理到恢复原状为止。过程中，我婆婆完全不需要说一句话。

听老公解释，我才明白，我又犯了许多父母最常犯的错，觉得女儿"只是个孩子"，就没有坚持要她担起善后责任。

搬到德国之后，换了个新环境，我也趁机宣布种种新规范。

往后，我不再像过去一样，边碎念女儿，边动手整理。如果是女儿个人的空间，就放着任它乱吧。

女儿房里有个洗衣篮，但我不会主动去洗，如果女儿没有拿到洗衣间，我不会动，没有干净衣服穿，她自己就会知道。

女儿房间里的碗盘，就算放到发霉，我都不会帮她收。上回她请我顺手拿去厨房，我还是说了"不"。如果是公共空间，我会到房间，请她马上放下手边的任何重要大事，先去收拾。

在德国，许多咖啡厅或餐厅，都要顾客自己将餐盘收到固定地点。不只是女儿渐渐改变习惯，连不到两岁的儿子，都主动将自己的餐具放上收餐台。

换完的脏尿布，拿去丢垃圾桶，也是儿子的工作。

儿子玩了一天的玩具区，睡觉前我们也会一起收拾，一边唱着："整理吧、整理吧！一、二、三！"

全家人一起分担家务

几次下来，我也得出如何全家分担家务的心得。

做家事，从宝宝一岁开始就可以参与：千万不要觉得小小孩不会或不懂，更别担心会越帮越忙。大部分小小孩都喜欢帮忙，只要他们开始学着你做事，就可以带着他们一起做。我儿子最爱洗衣服和倒垃圾，煮饭时也爱在旁边帮忙，这让他觉得自己很厉害，也是孩子爱你的一种表现。

分清楚哪些是共同家务，哪些由孩子负责：这可以依每个家庭的状况，全家共同讨论。在我们家，煮饭、打扫、倒垃圾、洗叠衣服，都属于共同家务，四个人都要分担，包括两岁的儿子。而女儿的房间与小洗手间，就属于她自己的管辖范围，其他人不会帮忙。

孩子负责的部分，就算脏乱，也不插手。 孩子限期内得自己完成：看到女儿的房间脏乱，怎么办？把门关起来，眼不见为净。但也不是任它乱下去，必须有个期限。我们家规定，至少每周整理一次。平日就算乱到我走不进去，房间里用过的餐盘已经发臭，我不会管，也不会念。但周日之前都要整理干净。

"做好"的标准是什么？一开始就示范清楚：孩子开心汇报：做完家事了。但你觉得根本和没做一样？**所有"做好"的标准，一开始就要一起确认，再带着孩子做一次。** 不只要知道该做到什么程度，还得知道怎么做。例如，该怎么晾衣服，才不会皱巴巴？怎么清洁马桶？与其孩子每次做完，我还得重弄一次，不如一开始就示范清楚。

家是过生活的地方，不是样板间。我一开始总是自动自发，把家里弄得像样板间一样，有人弄乱一点，我就想整理。但儿子教我的道理就是：家，哪有不会乱的（因为他每天总会把所有玩具倒出来不止三次）。只要还在能够维持正常生活的状况之下，有时乱一点，真的没关系。

"杂物篮"是全家的救星：我们家有一个暂置杂物专用的篮子，里面放着所有"碍着我，却还不能（想）收的东西"。里面应有尽有：被分家的袜子、女儿放在客厅的耳机、老公（不知道该不该丢）的文件、儿子坏掉的玩具，当然还有我自己还懒得整理的账单与文件。

当我多出来半小时空档，我就把这篮子里的东西倒出来收拾一下，或放在餐桌上"失物招领"。这篮子不只放杂物，还把我的坏情绪给收起来了。

善后，就是体贴别人

我跟女儿开玩笑说："你背上也要有眼睛。"这不是为了防小人，而是为了体贴别人。

收拾、善后，不只是为了让自己的环境变好，或只是养成一个好习惯。更重要的是，如果你不收拾，就是别人要收拾。

对大一点的孩子，可以请孩子试想：

"如果你在餐厅工作，遇到弄得桌面地面乱糟糟的家庭，你有什么感觉？"

"如果你是活动主办人，大家开心玩完之后，留下满地垃圾给你清扫，你有什么感受？"

每一天的教养，都为了孩子独立那天做准备

身为父母，当我们离开餐厅、包厢、交通工具，也记得转头看一下，我们留给别人的是什么样的环境。

我们是否总是拿走自己的垃圾？我们是否总是爱惜物品？

鞋子若脏了，是不是清理干净再进门或上车？雨伞会不会滴得地面到处都是水？

倒垃圾时，有没有注意别滴下肮脏的液体？如果弄脏地面，是不是会回家拿清洁用品，再回去擦干净？

我们从椅子上站起来，会不会把椅子推回原处？

这种种细节，是我观察有点"龟毛"的老公发现的。他不是有洁癖的人，但他很重视"有没有给别人添麻烦"，这正是家庭教育的影响力。在这样的家庭教育下，当老公出门发现门外楼梯结冰会滑，他甚至宁愿多花些自己的时间，一户户按门铃，告诉邻居们外出要小心，在小处展现出对人的体贴和无私。

我相信，父母若能常常注意这些细节，孩子也会懂得为别人多想一点，留给下一个人干净舒适的环境。

24

给予孩子空间，对自己负责

前一晚，

老公的妹妹才办完十八岁生日派对。

隔天一早，她就自己起床，

和朋友一起把场地收拾干净，

过程中婆婆没有开口提醒一句。

"该做的事还是要做"这观念，

从十八岁之前就已深植孩子心中。

十八岁生日，对许多国家的青少年来说，都是值得庆祝的成年日。我老公的家人更是将成年日视为非常重要的一天。过了这一天，包括打理生活、人生抉择、养活自己，所有一切，孩子都要自己负责，父母在孩子生命中的角色完全不同了。

独立负责：十八岁在德国社会的意义

在老公的妹妹十八岁生日时，我们特别飞回德国，为她庆祝生日。

老公的妹妹租下了一间派对屋，里面有简单的小厨房、桌椅、大舞池，可以自己准备饮料点心。当天所有的布置，都由老公妹妹和朋友们包办，家长们负责点心，哥哥们负责当酒保和保镖。

那天，刚满十八的妹妹自备好多种不同的酒，准备好好招待朋友们。德国孩子从十六岁起，就可以喝啤酒和气泡酒（当然很多人更早就在家里喝了），其他酒精含量更高的酒类，得要成年了才能喝。市面上甚至还有一些没有酒精的"假啤酒"，家长也会买给大一点的孩子喝，瓶身和啤酒一模一样，当爸妈或成年的家人喝酒时，未成年的大孩子就在旁边一起喝假啤酒，当作适应社会的练习。既然是"德式派对"，啤酒绝对要无限畅饮！

　　看着这些琳琅满目的酒精饮料，我的"中国脑"永远会问："孩子的爸妈会怎么想啊？"

　　这问题在家长们一抵达，就完全解答了。孩子们的爸妈一到现场，准备好点心，很自然地倒了两杯生啤酒，和儿女干杯！什么耳提面命都没有，他们喝了几杯啤酒，彼此聊聊天，给孩子大大的祝福和拥抱，说声"玩得开心"，就回家睡觉。

　　德国家庭几乎都备有啤酒，只要年龄到了，拿瓶啤酒和爸妈一起聊天看球赛，是很正常的事。当老公家人与我们在纽约相聚，他们说"旅馆顶楼见"，接着就看到婆婆拿出他们家乡科隆附近特产的啤酒，一解我家老公在中国住了一年的乡愁。果真是"德国出品"的一家人。

当然，就算是德国人，有时候也会一不小心喝多了。虽然对酒精持开放态度，但对于酒品的要求，我的德国家人倒是非常严格。

能享受，就要能负责

老公和他哥哥从十六七岁开始，每个周末都会邀朋友来家里打游戏、喝啤酒，就是台湾人说的"开轰趴"。车库上方甚至还有一个小房间，当作他们的派对小屋。

德国婆婆的逻辑是：与其出去玩乐，不如来家里，既安全，父母也能多认识孩子的朋友。

对于还没有很多收入的青少年来说，到朋友家里当然也是最好的选择。除非是孩子需要隐私的状态（例如女朋友来访），否则婆婆常会到"派对区"，与这群年轻孩子们像朋友一样，聊天寒暄喝啤酒。

而婆婆的名言是"能喝，也能工作"，意思是：你前一天再怎么喝挂，明天还是得起床上学上班，否则就不要喝。自己要知道能喝多少，什么时候能喝，要喝什么酒。因为常学着自我管理，这几点他们很年轻时就知道了，绝对不会因为贪杯，而在重要日子前喝到挂，这也是"对自己负责"教育里的一环。

老公家的派对小屋

　　每一天的教养，都为了孩子独立那天做准备

老公到中国来，看到一些年轻人"拼酒"，他很惊讶地说道："我们朋友之间，绝不会这样逼人喝酒！你怎么知道对方会有什么反应，如果发生事情了，朋友要负责的。"有几次，我朋友觉得他是德国人，一定很能喝，所以要灌他酒，如果老公不想，都会断然拒绝。

老公的家规也绝对不容许酒驾。如果知道今天会喝酒，他们一定会有其中一名朋友当"指定驾驶"，或预先安排好家人载他们回家。

我家老公就有好几个晚上，半夜三点起床去酒吧接妹妹回家，甚至婆婆过去也常去接儿子回家。对他们来说，这是一种爱的表现，宁愿你找我帮忙，也不要你因为图方便而发生危险，这算是务实的德国思维吧。

而妹妹的生日派对结束后，隔天一早八点多，她就自己起床，和朋友去派对场地整理收拾，搬东西回家，还等到和全家人用过午餐后，才去补觉。

"该做的事还是要做"，这样的观念，从十八岁之前就深植孩子心中。

期待孩子独立，也给他们相对的尊重

父母当然有与孩子意见不同的时候，要不要听？

孩子成年了，当然就自己决定。 当时，老公与我认识不到半年，就决定暂停学业，搬到台湾住一年。做这决定之前，他并没有问过他的父母，就先告诉了我。他的父母听到后，他妈妈的确是有点不理解为什么，甚至当下有点生气，但还是很认真地用了一下午，听他说想这么做的理由。

隔几天，他妈妈捧着一堆关于中国台湾的资料，以及怎么申请签证等信息，到他的房间。

同样身为父母，我懂得他们的担忧。换作是我，也会有很多担心和不舍。毕竟他们从来没见过这个来自中国台湾的女孩，也不知道台湾到底在哪里，究竟安不安全。但因为尊重孩子的决定，他们用行动表达支持。他爸爸甚至对他说："我懂！如果你要这份关系、不能不去台湾，那就去吧！"

他的父母没有太多的说服，反倒是先听他说明想这么做的原因。虽然他们表达了自己的关切与意见，当中也有过争执，然而最终由成年的孩子自己决定，他们完全尊重。

老公老家当地特产的啤酒

打点好自己的生活、知道自己要的是什么、做好该做的事情、搞砸就自己负责……这些观念，不是孩子从满十八岁那天起，或是成家之后，才突然懂的，而是从小就这样被教育着。也因为如此，成年了就为自己的人生负责的念头，早就潜移默化地根植于心中了。

第 6 部分
懂得生活，享受生活

孩子一闲下来，就喊"我好无聊"？

给行程太满、刺激过度的孩子，适时留白，

陪孩子享受生活，

是让脑袋重新动起来的好方法，

也让孩子更有力量面对明天。

25

教育中的美好，往往很没效率

当我们把工作时追求高效率的方式，
用在"关系"与"爱"上，
往往发现，所有球一起玩，
结果就是球全掉落一地。
其中健康与关系是玻璃球，
碎了就捡不回来。

今年元旦晚上，我们全家一起吃了顿很棒的新年晚餐。我们煎了前几天买的干式熟成丁骨牛排，每个人都吮指回味。

跨年周末，我们一家却选择待在家里共度，过得平静。全家人整天在一起，我就多了很多时间，可以整理环境，顺便把脑子里想了很久的计划，一一完成。

此刻的我，心中充满了此生从未有过的满足感。然而，当我回想过去一年，我们一家四口在德国展开的新生活，却和年轻时我梦想的生活，大不相同。

我过去令人羡慕的"外包人生"

我年轻时就创业，在一边育儿兼打拼事业的那十多年中，我曾经确信，如果赚到够多的钱，就能请清洁公司来打扫，请专业厨师来做饭，到最棒的餐馆吃饭不需要看价钱，出入有司机、保姆，一家人常常旅行，真的是很美的梦。

在国内生活时，也曾觉得自己已经接近梦想的生活，也有许多朋友非常羡慕。

以前的我，总想着怎样可以把所有事情外包，让自己无所事事，当个好命女。结果就是，我失去了对家的归属感，更失去了好好品味生活的能力。

女儿过去对我的印象，就是一个忙碌的"超人妈妈"。除了固定的睡前谈心时间，以及努力参与她的学校活动，母女俩在名为"家"这个场所的互动，其实非常少。

她喜欢做糕点，我会帮她报名烘焙课，却没太多机会陪她一起做。我知道她喜欢的电影，但她真正和我一起看过的电影，屈指可数。我很会安排行程、管理时间，却鲜少花时间与女儿相处。

我从"创业+家庭"模式的火力全开里学到了教训，当我们试图把工作时追求高效率的方式，用在"关系"与"爱"上，往往发现，所有球都一起玩，结果就是球全掉落一地。

其中，健康与关系是玻璃球，碎了，就捡不回来。

什么都自己来的德国生活

当女儿终于决定搬到德国，小儿子也即将出生，我花了一些时间思考，要怎么安排我们一家四口的新生活。

仔细思考与评估后，我决定承担个人事业发展缓慢的代价，将我的基地，放在我爱的人身边，把时间花在与我生命中最重要的三个人朝夕相处。

德国在外面吃饭不方便，过去在国内常常吃楼下早餐店的我们，现在每天都在家吃早餐。

现在我一周至少煮三四天的饭，常常全家人一边下厨、一边陪小孩玩，全家也每天一起吃饭。过去常在外面吃大餐的日子，已不复存在，却也让我的厨艺不断精进，连"吃货"女儿都称赞。

以前为了赶工作，开车或出租车是我最常用的交通工具。到了德国，我们因为每几年就要搬迁，所以决定不买车，选择住在大众交通便利的城市。现在，每天我自己带着儿子走路、搭地铁、坐公交车。

这样的生活，好处多多。我已经一年多没能定期上健身房，但因为每天几乎走万步，产后身材恢复得快，也健康许多。

女儿从过去的"路痴"，到现在也能自己在城市里行动自如。

还记得，女儿初来德国时，我们安排了一趟罗马之旅。已经在德国习惯走路的我，忘记女儿在国内很少走这么多路，安排的行程只要走路二十分钟以上，她就开始哀哀叫，甚至摆臭脸。

但短短一年内，我们一家四口已经可以靠双脚与大众交通工具，行迹遍及伦敦、阿姆斯特丹、巴塞罗那、里斯本，还有许多德国城镇。女儿就算走了一天的路，还可以游个泳，上健身房。

儿子则熟悉所有公共交通工具的搭乘流程，从买车票、等车、看还有几分钟、上下车等候方向，以及帮乘客向司机说"谢谢"。搭乘的礼仪与规矩，也在每天的练习中变成习惯。

教孩子懂得生活

过去与女儿在吃饭这件事上的交集，就是坐下来吃饭聊天，但现在我们从一起做饭开始。

我们边煮饭边聊，常常一起学做新的料理，她放喜欢的音乐，聊着彼此生活中的大小事。这时间不只是煮顿饭填饱肚子，还是高质量的家庭时光。

未来她自己独立生活时，我确信她肯定知道如何使用厨具、选择与处理食材、喂饱自己。这一切，她都在每天的生活中自然而然学到了。

过去我打扫时，总觉得赶紧结束最要紧，接着再赶去做下一件事。现在我们会一起整理。

女儿问我，怎样把从抽屉爆出来的衣服整理整齐，我也教她怎么把马桶刷干净，接着一家四口去倒垃圾。我家两岁的儿子最爱与我们一起，所以倒垃圾从一件苦差事，变成家庭活动。他连话都还说不清楚，就知道垃圾要分类。

感谢自己在一年半前，对忙乱到失序的生活，及时按下了暂停键。

我仍旧有兼顾两份事业的工作时间，但我也坚守自己的家庭时间和下班时间。我不再觉得，慢慢和孩子煮一顿饭太花时间、慢慢解释一个数学概念太麻烦，不再"快快快""赶赶赶"，不再想着能怎样"外包"，而是亲手做繁琐细小的事，细细体会生活的美好，也与孩子共享共度。

真正的生活，不只是住在美景豪宅中，或有了孩子、家庭后自然就会有。我希望我的孩子，在未来独立生活时，能体会生活中每个小小的美好，并把这样的美好，带给他们的家人朋友。

过去一年，我们一家四口行迹遍及巴塞罗那、阿姆斯特丹、伦敦、里斯本

　　每一天的教养，都为了孩子独立那天做准备

26

爸妈，请给我一点时间去浪费

常听父母对孩子说：
"快去做，不要浪费时间！"
然而完全不浪费时间，
孩子真能有更好的学习与成长吗？

女儿还小的时候，有很多时间玩玩具、做她喜欢做的事。她爱跟我一起做菜、烘焙，也喜欢阅读，甚至一年级就看完了哈利波特全集。

但当她上了三年级之后，一切都变了。

中国小学生怎么那么忙？

从三年级开始，她回家后最主要的工作，就是写作业。感觉以前我们放学后一起看电视、吃甜汤的时间，都莫名消失了。

我帮女儿算过，扣去数学课后辅导、写作业、洗澡、吃饭、整理书包等，她放学后只剩一个多小时的空闲时间。她甚至还没升上高年级，也没去托管班、补习班，只是一个公立小学的学生，就这么忙了。

再这样下去的话，女儿能有时间好好享受童年吗？如果她所有的休闲活动，都得要假日才能做，岂不是比大人还惨？

老公刚搬到台湾时，正值女儿四年级开学。他看着女儿每天晚上写功课到八点多，还要订正考卷，搞清楚不懂的地方，到九点才能去洗澡，简直吓傻了。特别是看着女儿重复抄写课文，反复背诵名词解释，不只是他，连在国内受教育的我，看了都吃不消。

"小学生怎么那么忙？怎么有这么多作业？"这也是我鼓励女儿来德国试试的真正原因。

希望孩子有多点时间浪费

并不是因为德国教育有多特别，当时我对德国教育了解不多，老公也认为，德国教育其实有许多需要改革之处。我只是单纯想到，德国的中学上课时数没那么长，课业也应该没那么重。

我看着被压得喘不过气，而渐渐失去笑容的女儿，只希望当时已经要升六年级的她，可以稍微放慢脚步，多点空闲时间。

我想试试看，学校生活过得不这么充实，孩子能否一样学到东西、顺利成长。而我也想试试看，自己能不能放手，别管这么多，毕竟过去那个一天到晚对女儿喊"快点、快点！"的我，自己实在不太喜欢。

女儿在德国的第一个学期，就让她完全改变了。

放学后，她一周有两天参加篮球队，还有机会到各大城市比赛，她很喜欢参加团队的感觉。其他日子，她四点前就到家了，我们会一起煮饭或做蛋糕，陪弟弟玩。有时我们直接约在地铁站，一起去逛街、吃点心。

说真的，没做什么特别的事，但过去，女儿常被我提醒不要驼背，现在竟自动把背挺直了；她每天能睡九个小时以上，笑容也回来了。

女儿学校作业不多，多半在课堂上已经完成不少，有时，我连续好几天听着女儿说"今天没有作业"，然而她学到的东西，似乎也还是不少。

最重要的是，快乐主动的孩子回来了。看起来无所事事，却让我发现了孩子有时间可以浪费的种种好处。

　每一天的教养，都为了孩子独立那天做准备

孩子一得空，不再只希望放空，而是规划

刚来德国时，我跟女儿说好，这半年，她就做自己想做的事。过了一个月，她说，这样日子过得有点颓废，她不大喜欢。我听了瞪大眼睛，这是我那个总是说想休息的女儿？

现在，她会在上学前跟我说："妈，我们今天去吃个松饼好吗？"或告诉我她周末的计划。

时间足够，孩子的脑子才会动起来，否则放空和休息都来不及了，还谈什么计划呢？

女儿学校也有作业，但多半每天花不到一个小时就可以完成。以六、七年级为例，每天如果九点多睡觉，她大概有四个小时的空闲时间。

现在，她很少因为作业做不完而生气，或因为学校的课业而感到有压力，反而回家后常跟我说，明天学校要做些什么，所以她今晚有什么计划，何时要把作业完成。她甚至主动向我提起，今年想学做法国点心，她也会上网查资料，跟我一起规划去哪里旅游。

家庭时间变成生活的重点

过去的家庭时间就是在饭桌上，其他就是"快点去洗澡""快点写功课""快点去睡觉"。

现在，多出了近三个小时的家庭时间，女儿最常做的事是"陪弟弟玩"，她一回家就马上洗手，去抱弟弟，我也顺道与她聊聊今天各自发生的事。

我们聊天的时间变多了，她可以跟我一起做饭一边聊，也能慢慢享受餐点、睡前好好谈心。

这点，让我这有个青春期女儿的妈咪，放心不少，至少女儿和我有时间无话不谈，她也能与弟弟享受珍贵的时光。

我从"唠叨老妈"的角色退休

我过去总是在催促女儿做事情，现在反而常常被已经完成所有事的女儿给吓到。

每当她说"我好了！"（这句话在我们家的意思是，她准备好上床睡觉，而且所有的事都做完了），我甚至连一句"快去做……"都没说过，觉得自己优雅了不少。

到现在我还是常想，怎样让孩子有更多自主思考的能力，以及学习动机？老实说，我仍没有明确的答案，但我希望女儿的经验分享，能让我们不要那么怕孩子无所事事、浪费时间。

适时留白，也许是让孩子的脑袋重新动起来的一个可能方式，也或许是父母能够真正陪伴孩子（而不只是做功课）享受生活、共创家庭美好回忆的契机。

27

让孩子忘记网络的森林之旅

去偏远的丹麦森林?
一天只能上网三十分钟?
一群来自大城市的青少年,
真能接受野外生活?
想不到第一天晚上,女儿就说:
"妈,这里超好玩!
我根本忘记要用手机。"

女儿学校举办了一场校外旅行。然而这趟旅程,女儿和同学们并不期待,因为老师竟然告诉他们,要保管所有人的手机和平板电脑,一天只能上网三十分钟!而且是去偏远的丹麦森林,有什么乐趣呢?

听到这个规定,我也有点讶异。女儿的学校校风自由,很少有太严格的行为规范,只要不影响上课和同学权益,学生都可以随身携带手机，校内甚至还提供无线上网。

我很好奇，这群青少年对于校外旅行的安排，能否欣然接受，会不会不停抱怨，以后都不想参加了。

但想不到第一天晚上，女儿就用珍贵的三十分钟上网时间，打了网络电话给我们。原以为她会抱怨丹麦无趣的野外生活，没想到她说："妈，这里超好玩！我根本忘记要用手机。"

大人小孩一起玩，完全忘了玩手机

女儿回家后，兴奋地告诉我他们每天做的事。

这次的活动设计，是从石器时代，走过铁器时代，到维京时期。老师要孩子们模仿当时的当地人，用火石打火，全年级只有一个人成功。

孩子全自己动手在石板上烤肉吃，这群都市孩子，没想到这样真能做饭。他们亲手用牛奶做出奶油、干酪和面包，还用像巫婆煮汤的大铁锅，自己煮饭吃。他们也问了老师很多问题，包括当时人类生活的样貌，是不是维京人都是海盗等等，学到很多也很好玩。

她说，和同学老师一起，时间很快就过去了，连一次都没想到要玩手机。老师知道孩子们喜欢拍自拍和合照，一直帮他们拍照，热情参与其中，与学生玩在一起。

　　每一天的教养，都为了孩子独立那天做准备

女儿想起在国内时："和以前很不一样，那些老师校外教学时都坐在旁边休息。"其实这次带队的三位老师，都不是年轻人了，但他们有愿意与孩子们互动同欢的心，学生都与他们非常亲近。

是"陪玩"？还是"一起玩"？

女儿心中"大人"的样貌，这一年来有着极大改变。

过去的"大人"，代表了"无趣"与"规矩"。大人与她处于两个世界，即使生活在同一个空间，却犹如两个平行宇宙。关于这一点，我承认自己该负责任。

过去，我会叫女儿自己去玩。她喜欢游泳，我却鲜少换上泳衣，陪她下水。我会陪女儿去校外教学，但我都待在旁边，像个观察员一样，偶尔和老师一起管管秩序，拍拍合照，孩子们仍旧自己玩自己的。很多时候，我自己都觉得无聊到想刷刷手机。

孩子和大人看似在一起，但往往只有一方觉得有趣，另一方硬着头皮陪着。大人根本没在玩，只是在看着小孩。两岁儿子最爱和爸妈一起玩，这时如果我们看手机或电视，他还会抗议，因为这样没有"一起"。就连两岁小孩都明白这样的道理。

青少年总是讨厌和爸妈在一起？

有段时间，我与女儿在中德两地分开生活，那时我每天的例行公事，就是与女儿视频。我问她的学校生活，她回答。

"今天好吗？今天在学校都做些什么？"她也总是回答："都一样啊！学习与玩耍。"每天都得到制式的响应。甚至有一回，女儿对我说："其实你不需要每天问我，因为每天都一样。"

我不禁想，过去那个与我无话不谈的女儿，到哪里去了呢？我隐约觉得，她开始把"妈妈"归类于"问话的大人"。

虽然有些气恼，但我懂这样的心情。

我也曾经年轻过，我都"猜"得到老师家长们想听的话、希望我做的事。如果我能尽快满足大人，他们就会放我自由，让我去做我真正想做的事。

和青少年子女"谈恋爱"

我决定打破制式的我问你答视频模式。

我先分享自己在德国生活的一些有趣的、新鲜的事。当然，也要是女儿感兴趣的事。我发现，与青春期孩子们相处就像谈恋爱一样，得用心去观察眼前看似熟悉，却已经不太一样的宝贝。

于是我开始像个侦探，注意女儿喜欢什么。例如，她喜欢的偶像的最新动态、她喜欢吃的蛋糕、她爱玩的手机游戏、最近流行什么。过去我会想，"拜托！怎么会喜欢这些东西，不如多看点书"，但当我想要了解她时，才发现，尽管这些都不是我的兴趣，但其实还挺有趣的。

我开始分得清女儿喜欢的乐队中几个长腿妹妹的名字和长相——相信我，这真的不容易，她们都长得非常像。我比女儿还清楚这些明星之间的爱恨情仇。甚至，我开始玩她喜欢的手机游戏，和她在中国德国两头互相比赛，水平高到女儿还会问我，某些"难关"怎么过。有些我实在无法理解其中趣味，但我还是去研究了每个角色的名字，一些小工具到底有什么用。

我提醒自己，在我说出"别再玩这些"之前，先尽可能去了解孩子的世界。过程真的不容易，但也增添不少亲子共处的乐趣。

渐渐的，我们聊天的内容不再只有学校和功课、今天过得如何。女儿发现什么新歌好听，会第一时间分享给我；哪个App很好玩，会马上跟我一起研究。

到了德国，她第一次看我穿泳衣。过去只在池畔一边看着小孩、一边做自己事情的妈妈，现在是和她一起做日光浴的伙伴。

她知道妈咪喜欢晒太阳，所以如果阳光正好，她会跑来叫我，主动说她来照顾弟弟，让妈咪穿着比基尼，在阳台上享受日光浴。

她知道我爱吃甜点，她在学校里吃到好吃的蛋糕，会顺道带一块回来给我。

母女一起享受生活里有趣的事，在她心中，妈妈变得不无趣了。这一切，都归功于那一年短暂分离的每天视频，完全改变了女儿与我的关系。

我们不只是母女，也是彼此最好的朋友。

以往的我，总希望孩子去学到什么，但其实我们也能向孩子学到许多；我们不再是活在平行宇宙里，而是一起去探索、一起体验。我们不只是陪我们的孩子长大，更是与我们的孩子一起成长。

女儿在我的演讲上分享

28

别怕孩子说"我好无聊"

当孩子闲下来，爸妈别慌。
有一段脑袋放空的时间，
孩子更有力量面对明天。

我不是很喜欢听女儿说："我好无聊！"我认为"找乐子"是自己的责任，所以只要她这么说，我就会反问："这是谁的责任呢？"

然而我也发现，这世界实在给我们太多刺激，孩子一停下来，都不知道该做什么，闲下来反而更慌。

闲下来就发慌的 "紧张文化"

脚步快速的现代社会文化，不肯定 "发呆" 这件事，当然也不容许我们的孩子发呆。只要孩子看起来无所事事，就马上叫他们去做这做那。连婴儿也无法幸免，图卡、字卡，参加这个班、那个团。家长似乎有种偏执，试图把孩子的时间填满。

刚认识老公时，他说他住在德国乡下，我想象的是如明信片中的美景，还有很多小咖啡厅、美丽的商店。

但第一次去那边，发现老公还真诚实，那真的是 "乡下地方"。小镇看起来还算整齐现代，家中各项功能齐备，但打开手机，信号接近零，网络更是奇怪，经常就断线。到最近的镇上，需要开车十分钟；到最近的城市科隆，要开一个小时。

待在那里的前几天，我觉得好放松。"这几乎收不到网络信号的地方，正是我需要的 '解压' 圣地。" 我这样告诉自己。但超过五天，我发现自己开始看天空、看云（因为连车都不会经过）。有时候会下意识地低头刷手机，但没有信号！

天啊，真的好无聊。想想老公从小在这样的地方生长，难怪他喜欢热闹的城市。

无聊？出去跑一跑，就有聊了！

老公看出我的心声，愧疚地跟我说："抱歉啊，我们这小镇，就是这么无聊。但我妈常说：'出去跑一跑，就有聊了！'所以我们常被赶出门玩。"

我看向窗外，邻居两个孩子正推着脚踏车出来，拿着一大桶超大粉笔，准备来画马路了。我决定加入他们，因为我这辈子从来没在马路上画过画！

他们也热情欢迎我这个"姐姐"加入。我们画了一堆动物和冰淇淋，我写中文字给他们看，他们画太阳和云，一起玩得不亦乐乎。

看看时间，哇！一个小时就这样过了。接着，轮到老公遛狗，我们一起走了很远的一段路，因为没有行程要赶，我们一边慢慢走，一边聊天，转眼间，天就黑了。

"该回家吃饭了。"我们走了一条新的路回去，沿路上看到什么就聊什么，也一转眼就过了两个小时。

我细细思索婆婆的话："出去跑一跑，就有聊了！"原来不只是把孩子赶出门的妙招，当我们没有目的性地往外探索，真的会有很多新的收获。"无聊"这两个字听来有点负面，但换个角度想，其实"无聊"也没什么关系，这世界上多得是有趣的人、事、物，等着我们去发掘。

孩子无聊吗？出去跑一跑，就有聊了！

偶尔闲下来，让人更有能量

当孩子闲下来的时候，爸妈别慌。已经有许多研究发现，这样的空闲时间，会让人更有创造力，也更快乐。

我从小就给自己设了一个规矩：周五不开书包。我的妈妈虽然嘴上笑我，但她仍支持我这样做。

有一段脑袋放空的时间，可以让孩子更有力量面对明天，特别是承受多方压力的青少年，更需要充电。女儿有时会跑出房间，没做什么，就是单纯过来和我们窝在一起，抱弟弟玩。

现在，我们只要看到窗外天气不错，在汉堡难得的大晴天中，就会放下手边的事情，先出门再说。往往全家人都到了楼下，才问："要走左边，还是右边？"随意挑一边，四处走走。

或许，让孩子能有一周中的某一天，完全不写功课，也不安排才艺班或任何课，就是单纯放空；甚至去到没有屏幕、网络的地方，就是躺在草地上、坐在公园里，什么都不做。或许在那段时间，会发现许多家附近的惊喜，新的路、新开的花、新的店家，或者只是从原有的一切中，观察出有什么不一样。

别怕孩子说无聊，一起出去走走吧！

第 **7** 部分
独立，不代表独自一人

没有一个人，

可以完全脱离人群而独活。

与身边的人建立健康的关系，

化解冲突，充分合作，

孩子才能经营圆满人生。

29

温暖待人：教孩子打招呼，从好好介绍自己开始

孩子往往完成"叫人"任务，
就到旁边当隐形人，
这样当然不会觉得自己是聚会的一分子。
与其记得一堆长辈的称谓与名字，
不如让孩子先好好介绍自己。

德国的大孩子，很有自己的想法，他们不但不会躲在爸妈旁边，还能跟你一来一往聊天。

有一回，我到女儿的同学家接她。一进门，她的两个同学面带微笑，到门口迎接我，并且主动给我大大的拥抱，抬头看

着比他们高一个头的我，介绍自己的名字。那一刻真的给我很大的文化冲击。

又有一次，老公朋友带着女友的两岁女儿，来家里叙旧。一进门，大家一样视交情给予拥抱或握手打招呼，小可爱也跟着大人站着、等着，一一跟我们握手，介绍她的名字。

当下，朋友完全没有提示或指导她要这么做，也没有催促她"叫人"。两岁大的她，介绍的是自己，而不是记得一堆大人要怎么称呼。

德国长辈这样与晚辈打招呼

不只同辈或晚辈这样打招呼，长辈也一样。

圣诞节假期，我们全家和儿子的曾祖母共进午餐。一年只见到曾祖母两次，大家都很珍惜相处的时光。

曾祖母见到曾孙，马上堆满笑容地说："我是曾祖母，你叫什么名字？"

不到两岁的宝贝儿子，指着自己，说出名字。然后伸出手掌，跟曾祖母击掌！曾祖母再握一下他的手，现在他们是好朋友了。

现场没有任何人说："这是谁？要叫谁？我是谁？"九十岁的曾祖母，先向孩子介绍自己，孩子也介绍自己的名字。彼此都没有压力。

不强迫孩子先叫人，而是好好介绍自己

现在，我介绍朋友给儿子女儿认识时，我也是像介绍两个朋友认识一样。**我不会先要孩子"叫人"，而是我自己先****向对方打招呼或拥抱，接着他们彼此用各自的方式打招呼并介绍自己。**

儿子还小，要他主动拥抱或握手，对他有点难度。我们从他一岁开始，先教他用"High Five"（击掌）与"Fist Bump"（拳头碰拳头），和人打招呼。等他进幼儿园时，还是用同样的方式和老师们打招呼与说再见。

现在，他能做的又更多了。当对方与他握手并介绍自己时，他也会看着对方，告诉对方他的名字。这让他觉得自己也是个独立的人，能与对方建立关系。

在国内成长的女儿，从小常陪着我见好友或客户，也很习惯一起聊天。如今她已经是个头比我高的少女了，她与我的朋友常聊得起劲，而我就在旁边泡咖啡。

一个简单的"打招呼"，其实也代表自己与周遭人的互动模式。如果连介绍自己都畏畏缩缩，又怎能好好表达意见。

"尊重孩子是个独立的个体"，不是一句口号，而要通过实际行动让孩子感受到，自己是一个值得被理解与聆听的个体。

独立，始于获得安全感

朋友问我，为什么我的两个孩子，一个应该是酷酷的青少年，一个应该是怕生的两岁娃，但他们却不怕陌生人，也愿意与大人聊天交谈？

我想，他们知道自己被保护，也被尊重。如果他们不想，我不会硬逼他们与人互动。我也不会给他们贴上"怕生"或"没礼貌"的标签。当他们想说的时候，鼓励他们多说，就算对方没能认真听，妈妈也会是最好的听众。久而久之，他们很习惯与人愉快且没有压力地互动。

孩子从小就知道自己值得被尊重，也知道对方会用同样尊重的方式，与自己互动，自然更有安全感。

简单的打招呼，可以变成孩子害怕聚会的压力，也可以是他们打开社交圈大门的钥匙。

30

尊重他人：规范是为了保护自己，关照他人

教育的种种原则与规范，

不是为了限制，而是出于保护。

帮助孩子理解，做出负责任的行为，

不只是为了保护自己，也为了关照他人。

现代爸妈一方面担心教出"妈宝"，另一方面又担心与孩子关系紧张。如果事事都让孩子决定，难免落得每餐都吃巧克力蛋糕、先打游戏别管功课；但若事事都由爸妈决定，又限制了孩子的自由与发展。

东方教育太过于严肃、"八股"，但西方教育又不一定符

合家庭现实。然而，让孩子有时讨厌你，却是必要的。

很多朋友看我与女儿互动就像好姐妹，都以为我对她的管教非常自由。尊重当然是我们互动的基础，但不表示事事她都能决定，有些事完全没有商量余地。

在我们家，关于孩子的事情分为三种：孩子自己决定的事、有原则但可以调整的事，以及没商量余地的事。

而哪些事情是哪一种，由父母决定，子女可以问为什么，但并不代表可以改变。有些事情永远都在"没得商量"的黑色地带，而有些事情则会因为孩子年纪而调整。

什么事自己决定？什么事没得商量？

两岁儿子"自己决定的事"还不多，他倒也无妨，因为大部分时间都在忙着决定要玩什么玩具。但要吃葡萄还是香蕉，他可以自己决定。

儿子"穿什么"，就属于"有原则但可以调整"的事。基本上由我们决定他的衣着，他有时会告诉我们想脱外套，但由我们最终决定他该穿多少。风大了，我们就说"把帽子戴上"，现在他已经会在起风时，说要戴上帽子。在他对自己的整体造型还没太多意见之前，都会尽量如此维持。

最后，上了车就坐上安全座椅、不能冲到马路上，这些事就划分在"没得商量"的区域。儿子有时不愿意，会测试我们的底线，但"不行就是不行"。因为这与个人安全有关，也与他这个年纪的能力和判断力有关。

包括不能对人丢石头或沙子，有要求要"说"，而不是"叫"，**对婴儿和动物要温柔等，这些都属于"就是要听爸妈的"。**

父母有教育之责，无法事事顺孩子心意

我们家没有体罚，然而严教不代表需要动手或大吼。有点力道地握着孩子的肩膀（不会痛的程度），直直看着孩子的眼睛说"不"，并简单说明原因，比站在一旁连珠炮式的狂吼有效多了。虽然，光要做到让孩子冷静下来看着你，需要不少努力，但肯定值得。

孩子会不会因此恨爸妈？他们可能当下会哭、不配合，但他们会知道理由，感到被引导，也会感到安全与受到保护。

但对青春期的女儿，这三区的划分就与弟弟完全不同，而对她说"就是不行"的方式，也会很不一样。"自己决定"的事情变得多很多，很多时候我还得告诉女儿："请你自己决定。"

母女俩经过多年"可以VS.不可以"的争战，几乎大部分的事，都渐渐归类到"有原则但可以商量"的区域。"妈妈就是不喜欢"不能成为禁止的理由，妈妈的"为什么"，得要有

凭有据。

而她若要改变规矩，也得提出够扎实的思辨过程与结论，来说服我们。我很喜欢讨论的过程，这让我有机会重新思考。讨论过后可能会调整，也可能维持原状。但在这个年纪，讨论的过程甚至比结果还要重要。

对青春期孩子来说，在大庭广众之下的所有禁令，都令在乎他人眼光的他们难以接受。但女儿与我十多年来互相配合，现在通常只需碰碰她的腿，使出能量减半的严厉眼神，并面带微笑，她就能心领神会了。

有礼且尊重他人，就是属于"必须遵守"的区域，就算对家人也是一样。不喜欢？身为父母，我负有教育之责，无法事事顺孩子的心意，这点没得商量。

规范是为了保护自己，关照他人

每回看我婆婆与三个成年孩子相处，我也学到许多。

婆婆虽然开明，但在她对孩子的教育中，仍有"没得商量"的区域。例如，她的孩子不能对任何人有歧视，无论对方的种族、宗教、性别为何，都绝对尊重别人的权利。如果婆婆听到家人有任何歧视观点，她可是会收起平时的温暖微笑，严厉制止。

在他们家也绝不允许酒驾，这类对别人造成危险的不负责任行为，绝对是严格禁止的。他们是很爱喝一杯的家族，但若她知道孩子当天会喝酒，一定会问"怎么回家"。如果没安排，婆婆甚至会半夜起床，开车接送孩子与友人们安全到家。这些规范，一方面保护了孩子，同时也教导他们要随时关照他人。

虽说德国的教育看似比中国的开明，但婆婆的规矩，其实比我的还多！但因为他们深厚的亲子关系、频繁且直接的观念沟通，孩子们并不觉得是被妈妈管束，而会深刻理解这些规范背后的原因，是出于爱与保护。

就算成年的他们都可以决定所有事情，但仍旧有着"妈妈的价值观"，引领他们有礼也有理地待人处事。

从经年累月的亲子互动中，让孩子懂得尊重他人，更期待他们与朋友甚至是未来另一半，也能彼此尊重。

孩子学会：有礼且尊重他人，该是什么态度；微笑却有原则，比张牙舞爪更有力量；规范不是为了限制，而是为了保护。而周遭的人给予他们的正向回馈，更会是孩子一辈子的礼物。

规范的背后，是父母的爱与保护

31

团队合作：家事，就是一家人的事

> 婆婆付出人生大半时光在家里，
> 却不见她在家务中枯萎，
> 反而在全家一起做家务的过程中，
> 完成了教育孩子"共同生活"的重要人生功课。

还记得我们迎接儿子出生的前一周，婆婆来到汉堡帮我们一起准备，其中一项最重要的工作，就是彻底打扫，这是婆婆家族迎接新生命的准备工作之一。因为我大肚便便，无法参与，就只能把这样的重责大任交给婆婆与老公。

老公原本就会打扫，这从他在中国生活的那一年里指导我清洁厕所的架势就能很清楚地看出来了。加上我怀孕越来越不方便打扫之后，家事都是他包办。但我还从没有亲眼看过，婆婆是怎么教她的孩子们做家事的，很是好奇。

而老公平时做家务的标准，在婆婆看来只达到日常维持的程度，还不足以迎接新生儿，所以这次也算是"终极版"的清洁教学！

不只做家事，还要做好

婆婆并没有一到我们家就拿起家伙动工，而是先与她儿子一起到超市，买了所有需要的装备。哪一个工具要配合哪一种清洁剂，哪个牌子的清洁剂效果好又环保健康，婆婆如数家珍，说她专业到可以开清洁公司也不为过。老公好像公司实习生，认真抄下所有内容。看着他们这样，我突然觉得自己对待家务，似乎没有这样的崇高敬意。

接着回到家里，不是婆婆埋头做，而是她先示范一次，接着由儿子去做，她在一旁看是否做得正确，最后检查成果。从厕所到厨房，再到客厅和地板，我觉得房东真是赚到了，因为房子比我们搬进来之前还要干净。

老公与我第一次一起打扫家的时候，我们还吵了一架。因为他非常坚持打扫的顺序和方式，对我随兴的打扫方式，他张大嘴巴惊讶不已。

　　每一天的教养，都为了孩子独立那天做准备

他说："抹布一定要从比较干净的地方擦到脏的地方，否则一定要换抹布；扫地一定要从房间最里面开始清扫，否则又会被踩脏；抹布也得要'分类'，桌面与地面的不能共享，厕所的则是完全一套专用的。"哇……听完我有点傻了，一个大男孩怎么被调教得比我这个当妈妈的还要专业？

婆婆不只教孩子做家事，还很坚持教孩子用对的方法来做，才有效率也不随便。接受老公指导的当下，虽然有点不开心，但后来想想，其实他说得没错，甚至让我有种"早该知道这样做"的懊恼。

婆婆付出人生大半时光在家里，但却不见她在家务中枯萎，反而在全家一起做家务的过程中，完成了教育孩子"共同生活"的重要人生功课。

只有妈妈能做的事，其实很少

在婆婆家，我从不会看到她自己在清洁，而老公或孩子们在旁边跷脚聊天的情况。吃完晚餐，一定是全体动员，连谁要擦桌子，谁放碗盘到洗碗机里，都已经有固定分工，迅速又愉快。甚至连两大张桌子的圣诞大餐，他们全家也是一起在半小时内快速收拾完毕，真的是训练有素。

家事，就是一家人的事。这不只是"公平"，也是教孩子生活能力的重要观念。"有一天孩子离家后"的思维，让婆婆不会凡事都自己来。这让我反省到，自己常揽下"其实不一定只有我能做"的事。

只有妈妈一个人能做的事，其实非常少，大概只有怀孕生子和喂母乳了。其他的都可以由家庭成员合作完成。

所以婆婆常提点我的老公，很多事情不是你不会，而是你从来没有把它当作自己的事情去做。不只是家事，包括照顾孩子，也是一样的态度。

每当老公说"没办法，儿子都要找妈妈"的时候，婆婆就会说："因为凯若陪孩子的时间比较多啊！所以你一回家，就应该马上接手。只要有空，都要你来做，这样孩子也会找你了。"现在老公是他们家族公认的"专业爸爸"，和宝宝有关的事，只要问他，他都有问有答。

没有人从小就会自己打扫、煮饭、洗衣，这些都是后天学来的。如果自己认定只有我能做，甚至带着怨言做，家人不只学不到，更从中体会不到任何快乐。

当然，要每天挂着微笑做家事，真是太强人所难了，但如果能学习更有效率的方式，又能和所爱之人一起做，一定可以开心很多吧！

从一起做家务，教孩子"共同生活"这堂课

在我们家，我是"家事首脑"，由我决定每天哪些家务"该被做完"，我来规划在什么时间，谁做哪些事。至于例行家务，例如餐桌、碗盘、各自的房间等，已经习惯成自然，不需要额外提醒，平时都会自己顺手做好。孩子自己负责的范围，固定时间整理完毕就好，我不需要天天劳心费神。

这样执行下来，不仅多出许多个人时间，也能教导孩子怎么做，做好的标准又是什么，乃至如何有效率地做完、工作流程的安排等，都是我们能让孩子收获满满的共同生活课。

当然，妈妈也能多一点时间，给自己泡杯咖啡喽！

32

换位思考: 为什么其他小朋友可以?

"因为你不是'其他'小朋友。"
让孩子知道,
他在父母心中, 独一无二。
孩子不用跟别人比较,
爸妈也不会拿孩子跟别人家孩子比较。

　　小孩都会问爸妈: "为什么其他小朋友可以? "我们得到的答案, 往往是"那如果他去×××, 你也要去吗? "不论换成什么负面字眼, 大意都一样: 别人去做的行为, 并不表示就是对的或者好的, 你不需要跟着去做。

因为你不是"其他"小朋友

我德国婆婆的回答则是:"因为你不是'其他'小朋友。"听起来比较顺耳,而意思差不多:我的教育方式不是这样,而你是我的孩子。孩子大部分时候,就会停止发问。

但有时问题还会升级,变成"为什么在奶奶家就可以?""为什么爸爸就让我去",越发棘手,挑战爸妈理智的极限。

我两岁的儿子还没办法和爸妈辩论,但上中学的女儿就问题不少了,还会提出具体事由,这就不是一两句话能简单打发的了。

与其讨论怎么回答孩子,不如先思考:"为什么"我们说不行?"为什么"我们与其他孩子的爸妈有着不同的标准?

当意见不同时,鼓励孩子"换位思考"

不同年纪有着不同的约束强度,年幼的孩子,可能一句回答,已经足够。但随着年岁渐长,也可趁此机会,让孩子学习换位思考,调整我们的回答。当孩子表达不同意见时,做父母的也该有雅量重新评估,而非一口回绝。

有一次,女儿突然在散步时,幽幽地说:"我很多有钱的德国同学,手机都有3G上网,我就没有。"她没有强烈抗议,但仍表达了自己的渴望,以及她对这件事的观点。

我回答她："要不要给孩子的手机开通3G，和父母有没有钱，没有关系。而是他们爸妈觉得可以。若我觉得可以，我现在就能帮你开通。但我思考过，你在学校和家中都有Wifi，已经很足够。如果你成年了，手机要有4G还是几G，当然可以自己决定。"

接着我问她："等你当了妈妈，你会让孩子从几岁开始，可以随时上网？"

我当然也可以劈头就说："那他们去撞墙，你也要去吗？""不行！就是太早！"省事又简单。但女儿已经到了可以换位思考、明白妈妈不为所动的原因是什么的年纪了。

当然我也好奇，如果是她会怎么做。不过从这次讨论之后，她再没提过同样的问题。

爸妈也该换位思考：别再问"为什么别人家孩子可以"？

但其实，不只孩子爱比较，大人往往更是如此。

女儿从小就比同龄孩子高一头，又身强体壮。我猜，很多孩子都很讨厌在电梯遇到我女儿。

"你看！不好好吃饭，人家小你一岁，都要比你高了！"

"她一定不挑食，对吗？你为什么不能跟姐姐一样？"

"她妈妈说她都九点上床睡觉，你每天都要到十一点，你应该跟她学学！"

不只在国内，连女儿到了德国，一位韩国同学的妈妈也还是讲一样的话："你为什么不能像她一样？她又参加这个球队、那个球队，功课还是很不错。"隔天这个同学到学校看到她，就嘟着嘴，一脸不开心。女儿真的很无辜啊。

做父母的，难免希望孩子"见贤思齐"，这样的心情我也有。每个家庭的教育方式都不同，父母当然希望孩子能听爸妈的话，别老是拿自己家跟别人家比较。同样的道理，每个孩子都不同，孩子同样希望，爸妈能接受和欣赏自己，别老拿自己和别人家孩子相比。

更何况，爸妈被比较了，顶多语塞。但孩子没有我们成熟，往往就在心头刻下"爸妈觉得我不够好"的印象，甚至留下阴影，以为爸妈宁愿没有生下他，或宁愿拿他换隔壁家的小孩。

停止比较，让孩子拥有欣赏别人的雅量

当我们拿孩子跟别人比较时，容易让孩子变得不懂得真心欣赏别人。在成长过程中有多少时候，当我们最要好的朋友考试成绩比我们好、跳得比我们高时，我们内心其实不是真的替对方感到开心，而是觉得嫉妒？

甚至，有的孩子还会害怕，因为这代表他们回家又要被爸

妈问："谁谁谁考几分？"接着又是"你为什么不能跟人家多学学"并发表长篇大论。

做父母的都知道，"和自己比赛"才是最重要的。但如果和自己比赛，就算进步了，还是输给其他人，我们还能同样赞美孩子吗？如果我们做不到，那我们的确要检讨自己的言行不一了。

在中国，发考卷时都知道谁考几分，排名多少，要孩子不去比较，实在很难。但在德国的学校，除非主动问同学，否则没有人知道对方的成绩，就算爸妈想比较，也不容易。

然而，女儿也发现，德国学校的亚洲孩子还是会去问同学成绩，他们似乎已经把"比较"内化成一种习惯。由此看来，家庭教育还是一切的根本，否则就算孩子换了环境、换了教育制度，这样的"比较文化"永远改不掉。

我希望自己能更了解并懂得欣赏我的孩子，就像我婆婆所说："因为你不是'其他'小朋友。"我期待自己能让孩子们知道，**他们是独一无二的，无需"把别人比下去"，才能彰显自己的优点。**

欣赏与赞美别人的好，从好榜样身上学习，但同时也从父母身上强烈感受到父母喜欢与欣赏自己。当孩子知道自己是被爱与被欣赏的，也更能去欣赏别人。

在我们希望孩子别说"为什么其他小朋友可以"的同时，我们自己先戒掉这句话吧。

33

家人是就算意见不同，依然相互支持

家人就是什么都能说。

子女需要知道，不管意见是否相同，

妈妈永远支持你。

孩子才会对你无话不说。

初访德国，一开始让我感受到的文化差异，就是老公他们家人的直接沟通。尤其是在每天的餐桌上，他们会讨论所有议题，甚至是激辩。特别的是，热血辩论完一个议题，又会开开心心继续吃饭和开玩笑。

管你左派右派，我们都是一家人

一听到他们针对德国的社会福利聊了起来，内容艰涩到我整个人都快吃不下了，一直担心哪个人会先翻脸。他们不只一边传着食物，还一边提出正反例证，甚至是数据，进行一场又一场扎扎实实的辩论赛啊！

很明显的，家里有人偏右，有人偏左。不过如果对方提出的论点有理有据，另一方也会表示同意，然后再提出"但是……"的论点。

为了让我能听懂，他们还努力翻成英文，说出自己的想法。激辩中总会夹杂着一点对对方开的玩笑，所以如果从窗外看着这桌人，可能还觉得他们在聊生活趣事，谈笑风生。

当然，他们也想听听我的想法。在这种气氛下，我很难表现客套、双边讨好，只能一五一十把自己的论点提出。或许是早已习惯如此，所以他们对于怎么说出与对方不同的意见，非常自然，我倒是练习了一下，还被我老公引导了几次，才脱去言语中在"江湖"历练出的圆滑，渐渐习惯直接表态。

他们常说："家人就是什么都能说。"

对家人诚实，需要环境

老公当初为了我，决定暂停学业，搬到台湾生活一年。他的家人知道后，虽然担心，也难免会有不同的意见。想不到隔了几天，婆婆就拿着一叠上网做的功课，包括对中国台湾的介绍，怎么顺利拿到签证，给了儿子。

之后我到了德国，有次与婆婆聊到这件事，我问她，会不会对我或她儿子生气，不赞成我们交往？她说，怎么会？不管意见相不相同，一旦孩子做出决定，家人就该永远支持。

越了解这家人，我越明白婆婆的真智慧。子女知道，不管意见是否相同，妈妈永远会用行动帮助你、做你的支柱。所以孩子不管发生什么事，都会诚实地告诉妈妈。

在这家人的话语中，没有"去了就不要回来"，没有"你在我的屋檐下，就要照我的方法做"，没有"我吃的盐比你吃的饭多"这些话。

婆婆笑着说："这样讲当然比较容易啊！很多时候，我也想这样说。但我知道，这只会让孩子不愿意跟我说实话，而家人之间，最重要的就是'坦承'。意见可以不同，但彼此要诚实。而诚实需要环境。"

最近，其中一个家人遭逢婚变，他第一时间就是告诉母亲，而一家人的温暖，也让他很快摆脱了负面情绪，迎接快乐的新年。

他对家人无需隐瞒，家人知道这些事，对他也不会造成压力或带来更多质问，只有支持与理解。我很希望，女儿第一次失恋，也能第一个打电话给妈妈。

现在听到餐桌上的激辩，我不再吃不下饭了。

结语

　　"帮助孩子独立"的功课，实在繁琐也繁重。要将一个对这个世界完全没有认识、没有能力应对的小婴儿，养育到有天他们成为照顾自己、负起责任，有自己的想法，懂得体贴他人，甚至关怀社会的世界公民，责任十分重大，却只能从每日的生活中一点一滴地累积。

　　我从两岁儿子身上学到，家庭教育，可以让一个高敏感度的难搞婴儿，成为一个快乐且与人为善的小男孩。经过十一年，又一次当妈妈，有时真的很辛苦，但他对妈妈热切的爱，带给我十足的满足与快乐。

　　我也特别感谢我的宝贝女儿，在我还没准备好做一个母亲之时，她已经准备好用她包容的爱，迎接我们将延续一辈子的母女情谊。无论在中国还是面对德国的新家庭与新环境，她永远热情、正面，与她在一起的时光总是充满笑声。

　　从青春期女儿的身上，我看到环境对一个孩子的影响力，以及内在力量如何引导她独立面对许多挑战。女儿教我最重要的一课是：孩子可能远比我们想象的还要强大。而他们能教我们的，或许比我们能教他们的还要多。

　　前年的圣诞节假期，女儿拉着我在餐桌旁坐下来，一步步完成脸书主页的申请步骤，就此开始经营"凯若妈咪的教育实验"这个小小园地。后续的个人网站，到现在这本书的诞生，女儿都是重要的幕后推手，更别说她亲身提供了许多精彩的成长故事。我何其有幸，能有个如姐妹般的女儿，在其他爸妈苦恼于如何与青春期孩子沟通时，女儿已是支持我的稳定力量。

我深深以我两个孩子为乐为荣，养育他们的过程也让我相信，所有的孩子都有源源不绝的内在能力，引导着他们最终能够拥有独立与快乐的人生。父母能做的就是理解与陪伴。

我的老公，是上天给我的惊喜。我很感谢他开启我看世界的不同视角，让我们的足迹一起来到德国，一起体验各种角色带给我们的挑战与喜悦。要做好父母的角色不容易，但身边有一个人一起努力，是件幸福的事。

他对儿子的投入与疼爱，对女儿的接纳与关心，对身为人父角色的谦卑与重视，都让我由衷地对这个小我十四岁的大男孩更加尊敬。而这本书的诞生，也要感谢他对老婆的盲目肯定——虽然他看不懂我写的文章，仍旧相信这本书会成真，以及在过程中"牺牲小我"照顾儿子，让我能专心写作。未来，我们还会一起迎接更多美好。

也很感谢，身边有一个充满智慧与爱的德国婆婆。她的许多教育秘方，并不是用嘴巴说出来的，但从她身上总能感受到尊重、温暖，与为人着想的贴心。她用人生最精华的时光，养育三个儿女长大，也不忘照顾自己，持续成长。而现在终于也从妈妈的角色"毕业"。她成为奶奶后，仍旧用她的教育智慧，以及尊重家人的态度，帮助儿女成为更好的父母。看着老公与他的哥哥妹妹何等独立自主，却又能与母亲维持紧密关系，也给了我一个为人母的目标，持续努力前进。

而我成长的过程中，母亲对我的影响很大。我感谢她从小鼓励我要独立思考，就算这些想法常令她头疼，她仍旧捍卫我做自己，也给予我许多支持。她的脑子总是八倍速运转，到现在仍旧充满学习力。书法、日文、气功等，都是她已是"婆"字辈的时候才开始学的，学习成果更是惊人地好。我想，我不容许自己停下脚步，总是鞭策自己进步，也是因为有我母亲作为榜样。

而我有两位慈爱的父亲，生父就算是自己已在病榻上，仍心心念念着女儿今天上学是否开心，而继父则不管我已经多大了，仍旧当我是他疼爱的小女儿。感谢生命中，总有这么多爱的榜样。

我相信：在尊重中长大的孩子，有宽阔的胸襟；在慈爱中长大的孩子，学会宽恕他人；在鼓励中长大的孩子，能经得起挫折；在赞赏中长大的孩子，懂得欣赏生命；在安全中长大的孩子，能够信任他人；在爱中成长的孩子，拥有爱人的能力。

我的每一天，都在为了孩子独立那天，做好各种准备，让我的一双儿女，能有飞远飞高的勇气与能力。

小编阿文的话

育儿的道理万变不离其宗，三百年多前，英国伟大的启蒙思想家约翰·洛克在他的《教育漫话》中，就用通俗易懂的语言，几乎尽述了一个家庭如果想要培养出高素质的孩子，要注意哪些方面的教育，对欧美的教育工作者和父母产生了很大的影响。尽管这本书非常非常好，但是对于大多数父母来说，读起来还是会有一些时代隔离感，以及缺乏案例来示范的感觉，因此当我看到凯若妈妈的这本书时，就眼前一亮。

这本书中既有受洛克思想影响的德国婆婆的教育智慧，又结合了中国妈妈的养育实践，还是发生在跟我们同一个时空下的事情，加上凯若妈妈亲和、有趣的笔触，读起来轻松、愉快，又触动我们的思考。

凯若妈妈从中西方教育中吸收对孩子有利的教育智慧，也清醒地呼唤：孩子不是十八岁才长大的，每一天的教育，都要为了孩子独立那天而准备。书中还介绍了一些德国的教育趋势和细节，以及"教育以人为本"的思考，带给我们不同的视角来看我们的教育、看我们自己的孩子。

另外想要提醒读者朋友们的是，焦虑是妈妈们普遍存在的一种情绪。我想说：你的焦虑可以理解，你也可以放下这份焦虑。每个孩子都是独一无二的，不必把自己的孩子与别人的孩子比较，只要看看我们的孩子此刻与过去相比如何。另外就是，当我们从别人的故事里学习到经验，我们的认知就会提高，在孩子那里的一切应对，都会相应发生变化。只要不断提高我们自己的认知，在每一天的生活中进步一点点，许多事情即便没有人告诉你怎么做，你也会找到自己的好方法。

愿读到这本小书的你，在每一天的生活中，和孩子安然相待。